JN206223

中学校新学習指導要領のカリキュラム・マネジメント シリーズ

スキルコードで深める中学校社会科の授業モデル

[編著]

清水 克志

[著]

秀明中学校・高等学校
秀明大学学校教師学部附属
秀明八千代中学校・高等学校

Ｇ学事出版

推薦のことば

清原 洋一

秀明大学学校教師学部教授
前文部科学省初等中等教育局主任視学官

社会はめまぐるしく変化し、複雑で予測困難な時代となってきている。そのような中、一人ひとりの可能性をより一層伸ばし、新しい時代を生きる上で必要な資質・能力を確実に育んでいくことを目指し、学習指導要領の改訂が行われた。

育成すべき資質・能力については、「知識及び技能」「思考力，判断力，表現力等」「学びに向かう力，人間性等」の三つの柱で整理している。そして、これらの資質・能力が着実に育成されるよう、「主体的・対話的で深い学び」の実現に向けた授業改善を推奨している。「単元や題材など内容や時間のまとまりを見通しながら，生徒の主体的・対話的で深い学びの実現に向けた授業改善を行うこと」と学習指導要領に示されているように、教育実践においては、ある程度まとまった内容や時間を見通して、いかに授業を具体的に設計し実践していくかが鍵となる。しかも、「カリキュラム・マネジメント」が強調されているように、各学校においては、学校全体で教育課程を軸に学校教育の改善・充実の取組を進めていくことが大切となる。

そのような中、秀明学園の実践研究をもとに『スキルコードで深める中学校の授業モデル（全5巻）』が出版されることとなった。この本は、教師が指導計画や指導案を作成し、授業を実践していく際、資質・能力を育成する授業の流れを可視化し、より確かなものにしていこうとする取組をまとめたものである。授業を設計していく際には、「何（単元や題材などの内容）」を、「どのように」学び、「何ができるようになるか（育成を目指す資質・能力）」といった具体的な指導や支援の一連の流れをイメージすることが大切である。本書においては、ブルームらが提唱した教育分類学（改訂版タキソノミー、2001年）に基づいて制作した『スキルコード』の活用を提案している。育成する資質・能力を、ブルーム・タキソノミーの認知過程と対応させることにより、資質・能力およびそこに至る学習過程を俯瞰的にみることが可能になってくる。このような過程を踏みながら検討することにより、1時間の授業ということに留まらず、単元や題材など内容や時間のまとまりの中で、ある意味戦略的に授業を設計して実践し、さらに、授業実践を振り返り、改善・充実につなげていくことが期待される。

本書は、教師の教育実践の参考となるだけでなく、これから教師となることを志望する学生にとっても意味のあるものである。是非、本書を参考に教育実践を行い、教育の改善・充実の取組がさらに進んでいくことを期待したい。

はじめに

シリーズ監修者　富谷 利光

秀明大学学校教師学部教授
秀明大学学校教師学部附属
秀明八千代中学校・高等学校校長

◆資質・能力の育成

　21世紀もすでに5分の1を経ようとしており、世の中の変化は加速度的に増しています。そのような時代の中で、子供たちには未知の状況に対応できる力を身に付けさせることが強く求められております。コンテンツベースから、コンピテンシーベースへの転換です。新学習指導要領もこの方向で整理されていますが、アクティブラーニングの推奨とも相まって、いわゆる「活動あって学びなし」の懸念も再燃しています。現場には、確かな資質・能力を育成する道しるべが必要です。

◆資質・能力の可視化

　秀明大学では、教師教育の必要性から、資質・能力を育成する授業の流れを可視化するための「発問コード」を国語専修で開発しました。学生たちは、指導案の作成や授業実習において、個別の知識についての一問一答を繰り返す傾向にあります。そのような学生たちを「主体的・対話的で深い学び」の指導者に育てるためには、授業の流れを可視化し、授業改善のための意見や指導コメントを一般化する用語体系（コード）が必要でした。「教育目標の分類学（ブルーム・タキソノミー）」等を参考にした発問コードにより、学生たちは一問一答を超える見通しを持って学修に励んでいます。

◆21世紀に求められる知識

　新学習指導要領では、「生きて働く『知識・技能』の習得」が、資質・能力の三つの柱の第一に示されています。ブルーム・タキソノミー改訂版では、知識について【事実的知識（知っている・できる）】【概念的知識（わかる）】【遂行的知識（使える）】のレベルが示されており、「生きて働く『知識・技能』の習得」は、「事実的知識を、概念的知識・遂行的知識にする」と言い換えることができます。秀明学園では、「経験を通して、知識を知恵にする」ことを創立以来実践してきました。個別の知識が概念化され、教科の本質に関わる知恵として備われば、未知の状況にも応用できるようになります。そのためには、実経験が大切だという考え方です。これを発問コードのフレームで可視化して「スキルコード」とし、系

列中学校・高等学校で資質・能力育成の道しるべとしています。

◆ PDCA サイクル

　本学園でも、資質・能力育成への転換は緒に就いたばかりです。定期的に研修授業を行って実践を振り返り、授業改善に取り組んでおり、その際に「スキルコード」が良き道しるべとなっています。本書に収めた実践は教科書の学習を基本としており、決して目新しい方法を提案するものではありませんが、PDCA サイクルを紙上で再現していますので、資質・能力育成への転換の事例として参考になれば幸いです。

◆ スキルコードについて

表1　スキルコード

知識レベル		知識及び技能 習　得 基礎力 Kスキル	思考力，判断力，表現力等 活　用 実践力 Pスキル	学びに向かう力，人間性等 探　究 探究力 Rスキル	
		対象世界（教科書の内容）		自分軸・他者軸	
教科学習	【事実的知識】 知識の獲得と定着 知っている できる	K1 知識を獲得する 確認する 定着させる	P1 別の場面で 知識を獲得する 確認する 定着させる	R1 自分や世の中について 課題を発見する	知識
	【概念的知識】 知識の意味理解と 洗練 わかる	K2 意味内容を理解する 確認する 定着させる	P2 別の場面で 意味内容を理解する 確認する 定着させる	R2 新たな知恵を 獲得・創出する	知恵
	【遂行的知識】 知識の有意味な 使用と創造 使える	K3 知識を使うことで 知識の意味を理解する	P3 別の場面で 知識を使うことで 知識の意味を理解する	R3 知恵によって 自分や世界を変える	実経験
総合・特活	メタ認知的 知識	K4 自分や世界の現状を 理解する	P4 自分や世界の現状を 考える	R4 自分や世界を変える 方略を身に付ける	
教育の目標分類		知識・理解	分析・応用	評価・創造	

【横軸】（K、P、R＝認知過程の高まりを示す）

○横軸には、新学習指導要領の資質・能力の三つの柱を置きました。ただし、「知識及び技能」と「思考力、判断力、表現力等」については、学校教育法第 30 条第 2 項において、「思考力、判断力、表現力等」は「知識及び技能」を活用して課題を解決するために必要

な力であると規定されていることから、両者は不可分のものと捉え、境界を点線としています。

○学びの過程では、それぞれ「習得」「活用」「探究」に相当するものとしています。ただし、「学びに向かう力、人間性」は「探究」よりも広いものだと思われますが、探究の方向性を、「自己や社会、世界を望ましい方向へ変えていく」というベクトルにすることで、「学びに向かう力、人間性」を望ましい方向へ向けることができると考えられます。特に、「豊かな創造性を備え持続可能な社会の創り手となること」（総則第1の3）のためには、探究の過程にSDGs（国連が定めた「持続可能な開発目標」）を関連付けることが効果的です。

○横軸の資質・能力を、秀明学園では「基礎力（Kスキル）」「実践力（Pスキル）」「探究力（Rスキル）」と呼称しています。Kは knowledge、Pは practical、Rは research の頭文字です。なお、Rスキルは、当初は探究の方向性を具体的に示す目的で、Gスキル（国際力）とTスキル（伝統力）に細分していましたが（『中学校各教科の「見方・考え方」を鍛える授業プログラム』学事出版、2018年）、教科学習で汎用的に用いるために統合をしました。

○「教育目標の分類学（ブルーム・タキソノミー)」の改訂版[1]における認知過程の6分類では、「知識・理解」「分析・応用」「評価・創造」というように、それぞれ2つずつが概ね相当すると考えています。

【縦軸】（1 、 2 、 3 ＝知識の深まりを示す）

○縦軸は、「ブルーム・タキソノミー改訂版」の知識レベルに基づき、知識の深まりを視覚的に表すため天地逆にし、次の表2のようにK1・K2・K3としています。

表2　知識の深まりについて

スキルコード	ブルーム・タキソノミー改訂版	中学校学習指導要領（平成29年告示）解説 総則編	秀明学園
K1	事実的知識（知っている・できる）[2]	個別の知識	知識
K2	概念的知識（わかる）	生きて働く概念	知恵
K3	遂行的知識（使える）	新たな学習過程を経験することを通して更新されていく知識	実経験

○新学習指導要領においては、「知識の理解の質を高めること」が重視されており、「教科の特質に応じた学習過程を通して、知識が個別の感じ方や考え方等に応じ、生きて働く概念として習得されることや、新たな学習過程を経験することを通して更新されていくことが重要となる」と、『中学校学習指導要領（平成29年告示）解説 総則編』で示されています（第3章 教育課程の編成及び実施、第1節3 育成を目指す資質・能力。下線部は筆者）。

○スキルコードでは、「個別の知識」をK1、「生きて働く概念」をK2、「新たな学習過程の経験を通して更新される知識」をK3としています。K3はK2を強化するものという位置付けで、スキルコードはK2の育成を中核に据えています。秀明学園では、「**知恵＝知識＋実経験**」を教育活動の基本方針としており、「生きて働く概念」を「**知恵**」と呼んでいます。

○深い学びとは、知識の面では次のように考えられます。

①個別の知識を概念化して、生きて働く「知恵」にすること。（K1→ K2）

②新たな学習過程での経験を通して、「知恵を確かなものに更新する」こと。

（K2→ K3（→ K2））

○「ブルーム・タキソノミー改訂版」では、「概念的知識を高次の認知過程を経て深く理解することが、『不活性の知識』の問題（学校で学んだことが日常生活で活かせない事態）を解決する上で有効である」[3]と指摘されているそうです。つまり、上記の②の過程（K2→ K3→ K2）あるいは横軸へ広がる過程（K2→ P2→ K2など）を通して、概念的知識＝知恵を深めていくことが、日常生活で活かせる「真正の学び」になり、スキルコードはその道しるべとなるのです。

○4番目の「メタ認知的知識」については、総合的な学習の時間や特別活動で育成するという位置付けにしています。

〈参考資料〉

1）中西千春「ブルームのタキソノミー改訂版『認知プロセス領域の分類』を活用するために」『国立音楽大学研究紀要』第50集、2016年

2）石井英真『今求められる学力と学びとは―コンピテンシー・ベースのカリキュラムの光と影―』日本標準ブックレット、2015年

3）石井英真「『改訂版タキソノミー』によるブルーム・タキソノミーの再構築―知識と認知過程の二次元構成の検討を中心に―」『教育方法学研究』第28巻、2002年

◆学習ロードマップ

このスキルコードをもとに、学習過程を「学習ロードマップ」として可視化しました。

K1	P1	R1
K2	P2	R2
K3	P3	R3

このマップを用いて、本書では学習過程をたとえば次のように示しています。

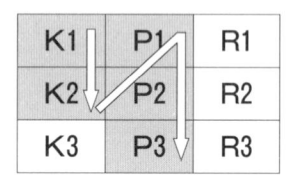

◇ K1→ P1→ P2→ K2

個別の知識・技能を未知の状況に当てはめ、分析・解釈することを通して法則を見出し、概念化する。

　上記が概念的知識獲得の典型例ですが、次のように、知識を使う経験を通して概念は強化され、定着していきます。

K1	P1	R1
K2	P2	R2
K3	P3	R3

◇ K1→ K2→ K3

個別の知識を法則化（概念化）し、その法則（概念）を使うことで法則（概念）の理解を確かなものにする（知識の意味を理解する）。

K1	P1	R1
K2	P2	R2
K3	P3	R3

◇ K1→ K2→ P1→ P2→ P3

個別の知識を法則化（概念化）し、未知の別の場面に当てはめて使うことで法則（概念）の理解を確かなものにする（知識の意味を理解する）。

K1	P1	R1
K2	P2	R2
K3	P3	R3

◇ K1→ K2→ R1→ R2→ R3

個別の知識を法則化（概念化）し、教科書の外の世界（自分自身のこと、世の中のこと）の課題を自ら発見してそれに合うように法則・概念を修正し、課題を解決する（実際にはRへ進む際にPを経由することになります）。

　いずれの場合でも、**K2（概念的知識、知恵）を必ず通るようにする**ことで、「活動あって学びなし」を回避することができます。また、活動の振り返りの際にはK2に戻り、概念的知識、知恵を確かなものにするという見通しも立ちます。

スキルコードで深める中学校社会科の授業モデル
もくじ

推薦のことば……………………………………………………………………3

はじめに…………………………………………………………………………4
　◇資質・能力の育成
　◇資質・能力の可視化
　◇21世紀に求められる知識
　◇PDCA サイクル
　◇スキルコードについて
　◇学習ロードマップ

第1部　社会科が目指す、これから求められる「資質・能力」の育成　13

Ⅰ　社会科の資質・能力………………………………………………………14
Ⅱ　社会科のスキルコードと資質・能力……………………………………16
Ⅲ　スキルコードを活用した授業改善………………………………………19

地理的
分野

1 本質的な知識力、情報処理力 ……………………… 22
（単元：いろいろな国の国名と位置）

2 本質的な知識力、情報収集力 ……………………… 26
（単元：世界のさまざまな生活と環境）

3 複数の事象を関連付けて考察する力 …………… 30
（単元：アジア州の自然環境）

4 本質的な知識力、情報収集力 ……………………… 34
（単元：ヨーロッパ統合と人々の生活の変化）

5 複数の立場から多面的・多角的に
考察する力 ………………………………………… 38
（単元：さまざまな地域区分〜日本の姿〜）

6 複数の事象を関連付けて考察する力 …………… 42
（単元：都市や工業の発展と自然環境〜九州地方〜）

7 問題発見力、判断力 ……………………………… 46
（単元：観光客を呼び寄せる取り組み〜中国・四国地方〜）

歴史的分野

8 本質的な知識力、情報処理力 ……………50
（単元：律令国家での暮らし①）

9 問題発見力、情報分析力 ……………54
（単元：律令国家での暮らし②）

10 複数の立場から多面的・多角的に
考察する力 ……………58
（単元：全国に広がる下剋上）

11 本質的な知識力、情報分析力 ……………62
（単元：イスラムの拡大とヨーロッパ）

12 問題発見力、情報処理力 ……………66
（単元：産業革命と資本主義の成立）

13 複数の立場から多面的・多角的に
考察する力 ……………70
（単元：黒船来航の衝撃と開国）

14 本質的な知識力、情報処理力 ……………74
（単元：新たな外交と国境の画定）

15 複数の立場から多面的・多角的に
考察する力 ……………78
（単元：世界が注目した日露戦争）

公民的 分野

16 情報処理力、問題発見力 ────────── 82
　（単元：民主政治の発達）

17 情報分析力、問題発見力 ────────── 86
　（単元：基本的人権の保障〜自由権〜）

18 本質的な知識力、問題発見力 ─────── 90
　（単元：選挙制度とその課題）

19 本質的な知識力、判断力 ────────── 94
　（単元：自衛隊と日本の安全保障）

20 複数の立場から多面的・多角的に
　　考察する力 ───────────────── 98
　（単元：貿易と為替相場）

21 問題発見力、情報処理力 ────────── 102
　（単元：未来をつくる君たちへ）

おわりに ─────────────────────── 106

執筆者一覧 ────────────────────── 107

第 **1** 部

社会科が目指す、これから求められる「資質・能力」の育成

I 社会科の資質・能力

　中学社会科が生徒に求める資質・能力は、改訂された新しい学習指導要領中学社会の目標として、以下のように示されている。

　社会的な見方・考え方を働かせ、課題を追究したり解決したりする活動を通して、広い視野に立ち、グローバル化する国際社会に主体的に生きる平和で民主的な国家及び社会の形成者に必要な公民としての資質・能力の基礎を次のとおり育成することを目指す。

(1) 我が国の国土と歴史、現代の政治、経済、国際関係等に関して理解するとともに、調査や諸資料から様々な情報を効果的に調べまとめる技能を身に付けるようにする。

(2) 社会的事象の意味や意義、特色や相互の関連を多面的・多角的に考察したり、社会に見られる課題の解決に向けて選択・判断したりする力、思考・判断したことを説明したり、それらを基に議論したりする力を養う。

(3) 社会的事象について、よりよい社会の実現を視野に課題を主体的に解決しようとする態度を養うとともに、多面的・多角的な考察や深い理解を通して涵養される我が国の国土や歴史に対する愛情、国民主権を担う公民として、自国を愛し、その平和と繁栄を図ることや、他国や他国の文化を尊重することの大切さについての自覚などを深める。

　柱書の「公民としての資質・能力の基礎」は、小学校社会科と共通の文言であり、高等学校地理歴史科・公民科の「公民としての資質・能力」とも結びつく部分である。これは今回の改訂の大きなポイントの一つである、小中高の一貫性と接続の観点を反映したものといえる。また「社会的な見方・考え方」は、後述する通り、地理的分野における「社会的事象の地理的な見方・考え方」、歴史的分野における「社会的事象の歴史的な見方・考え方」、その上に立つ公民的分野における「現代社会の見方・考え方」のことである。続く (1)、(2)、(3) は、育成を目指す資質・能力の三つの柱である「知識及び技能」、「思考力、判断力、表現力」、「学びに向かう力、人間性等」にそれぞれ沿った目標となっている。

（ア）基礎的・基本的な「知識及び技能」の確実な習得

　基礎的な知識・技能を確実に習得することは、社会科において従来から重視されてきたことである。しかしながら、事実的知識に偏りがちで、概念的な知識や技能の習得は軽視される傾向があった。このことは、生徒たちが社会科を「暗記科目」として敬遠しがちなこととも無関係ではないだろう。(1) に示された今後求められる「知識・技能」は、学校という閉じられた空間でしか評価されない知識・技能ではなく、実生活の中で生涯にわたって活用できる知識でなければならない。そのためには授業を通して生徒に身につけさせたい「知識・技能」を明確化するとともに、生徒の既得の知識と関連付けたり組み合わせたりしていくことによって、学習内容の深い理解と事実的知識の定着を図るとともに、実社会で活用できる概念的知識の獲得をも目指す必要がある。

（イ）「社会的な見方・考え方」を働かせた「思考力、判断力、表現力等」の育成

　「見方・考え方」とは、学習指導要領総則において「各教科等の特質に応じた物事を捉える視点や考え方」と定義されている。つまり「社会的な見方・考え方」とは、目標（2）の「社会的事象の意味や意義、特色や相互の関連」を考察したり、「社会に見られる課題の解決に向けて選択・判断」したりする際の視点と方法を示している。また、新しい学習指導要領の「各教科の特質に応じた見方・考え方」は、その教科の背後にある「親学問」に固有な知識生成の方法論や認識論的立場の基盤であり教科の本質であるとの考え方がある[1]。社会科の場合、その「親学問」が地理学や歴史学、政治学、法学、経済学など非常に多岐にわたる。三分野に対応して地理的な見方・考え方、歴史的な見方・考え方、現代社会の見方・考え方がそれぞれ設定されていることは、中学校社会科が他の教科と大きく異なる点であり、教科の特性を端的に示している。

〔社会的な見方・考え方〕

・**社会的事象の地理的な見方・考え方（地理的分野）**
　社会的事象を、位置や空間的な広がりに着目して捉え、地域の環境条件や地域間の結び付きなどの地域という枠組みの中で、人間の営みと関連付けること

・**社会的事象の歴史的な見方・考え方（歴史的分野）**
　社会的事象を、時期、推移などに着目して捉え、類似や差違などを明確にし、事象同士を因果関係などで関連付けること

・**現代社会の見方・考え方（公民的分野）**
　社会的事象を、政治、法、経済などに関わる多様な視点（概念や理論など）に着目して捉え、よりよい社会の構築に向けて、課題解決のための選択・判断に資する概念や理論などと関連付けること

　ところで、筆者には、ある理工系の研究者からの質問に、ハッとさせられた思い出がある。その研究者は図1（次頁）のような略図を書いた紙を筆者に示し、「君の思考プロセスはどちらか？」と尋ねた。地理学を専攻する筆者が、「Bです」と答えると、その研究者は、「やはりそうか」と得心した様子であった。この研究者が属する理工系の研究者の思考プロセスは「A」であり、いわば数学の証明問題を解くようなイメージである。これに対し、地理学は、地域を構成する諸要素の関わりから地域の特性を抽出することが学問の基盤となっている。筆者のこの出来事は、上述の言葉を借りれば、筆者自身の「『親学問』に固有な知識生成の方法論や認識論的な立場」を思いがけず知らされるきっかけとなった。前掲の「社会的事象の地理的な見方・考え方」はまさに図1-Bに示されるように、地域を構成する諸要素や地域間の結びつきを多面的・多角的に考察する営みにほかならないことが理解できる。また「社会的事象の歴史的な見方・考え方」にある「推移」や「因果関係」を捉える場合には、時系列に沿って図1-Aのような考え方も成り立つといえなくもない。しかしながら、事象間の相互連環を多面的・多角的に捉える営みでは、図1-Bの思考プロセスを経るであろう。

さらに、「現代社会の見方・考え方」についても、自国と諸外国との関わりをはじめ、立場や考え方が異なる多様な属性の人々が関わり合う現代社会を扱う科目特性を踏まえれば、前二者と同様、図1-Bの思考プロセスを経るであろう。これらの事実は、社会科を構成する諸分野には、本質的に「多面的・多角的な考察」が備わっていることを示している。また、社会科における「深い学び」では、理詰めで階段を一段一段のぼるのではなく、試行錯誤や議論を繰り返しながら思考を深めていくことが必要であることを示している。

図1 2つの思考プロセス（イメージ）

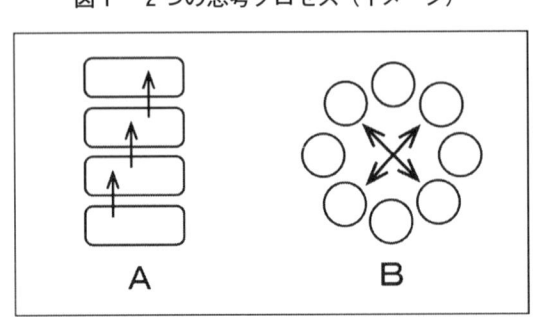

（ウ）**主権者として、持続可能な社会づくりに向かう社会参画意識の涵養やよりよい社会の実現を視野に課題を主体的に解決しようとする態度の育成**

　新しい学習指導要領に示された小中高に共通する社会科の目標は「公民的な資質・能力（の基礎）を育成」することである。社会科は児童生徒が大人になる過程で「社会（大人の世界）」を学習する教科であるといわれる[2]。それゆえ、児童生徒が社会科の授業を通して、公民として社会（大人の世界）で生かせる様々な力を獲得していくことで、社会科が目指している姿、児童生徒が将来「主体的に社会に参画している姿」が見えてくる。

　「公民的な資質・能力（の基礎）を育成」すること自体は、今回の改訂に始まったことではなく、社会科の根幹をなす揺るぎない部分である。しかしながら、問題は生徒を取り巻く社会的変化が近年めまぐるしく、将来を予測することが困難な時代が到来していることである。それは社会のグローバル化や情報革命、持続可能な社会づくりや選挙権年齢の引き下げなど枚挙に遑がなく、かつその多くは社会科が先頭に立って取り組まなければならない課題である。このような時代にあって、学校教育には、子供たちが様々な変化に積極的に向き合い、他者と協働して課題を解決していくことや、様々な情報を見極め知識の概念的な理解を実現し情報を再構成するなどして新たな価値につなげていくこと、複雑な状況変化の中で目的を再構築することができるようにすることが求められている。

II 社会科のスキルコードと資質・能力

　本書で示す社会科のスキルコードは、社会科の授業で生徒に育成する資質・能力を、ブルーム・タキソノミーの認知過程を対応させることによって、生徒にとっても教師にとって

も明確化するようにまとめたものである（表1）。はじめにでも述べている通り、ブルーム・タキソノミー改訂版では、知識について【事実的知識（知っている・できる）】【概念的知識（わかる）】【遂行的知識（使える）】のレベルが示されており、「生きて働く『知識・技能』の習得」は、「事実的知識を、概念的知識・遂行的知識にする」と言い換えることができる。すなわち、学習指導要領が示す資質・能力に対応して、（1）の知識・技能が基礎力（Kスキル）、（2）の思考力・判断力・表現力が実践力（Pスキル）、（3）の学びに向かう力・人間性等が探求力（Rスキル）と位置付けている。

表1　社会科のスキルコード

（知識レベル）	知識・技能	思考・判断・表現	学びに向かう力・人間性等	
	習得	活用	探求	
	基礎力　Kスキル	実践力　Pスキル	探求力　Rスキル	
	教科書の世界		教科書外の世界	
事実的知識	K1 知識を用語として獲得する	P1 資料の読解を実践し、その意味内容について正確に把握する	R1 対象となる地域、時代、社会について、自分なりの考えをもつ	知識
概念的知識	K2 知識の意味内容を理解し整理できる	P2 資料読解の実践から得られた事実をもとに、当該の地域や時代、社会の特質について整理できる	R2 対象となる地域、時代、社会についての自分なりの考えを、議論等を通じて深める	知恵
遂行的知識	K3 知識を使うことにより意味内容を理解する	P3 資料読解から得られた事実に基づき、自分の言葉で論述する	R3 対象となる地域、時代、社会についての自分なりの考えを、自分の言葉で説明する	実経験
	知識・理解	*分析・応用*	*評価・創造*	

　まず、基礎力（Kスキル）の学習では、教科書に記載されている知識を定着させ、活用する能力を身につける。実践力（Pスキル）の学習では、学んだ基礎的知識（Kスキル）を基にして、地図やグラフ、資料を読解する能力を身につける。探求力（Rスキル）の学習では、習得した知識から抽象概念を抽出し、具体例を挙げ、まとめる能力を身につける。

　各スキルの学習は、三段階、すなわち事実的知識から概念的知識を経て遂行的知識へと深化していく。最も基礎的なK1スキルでは、一問一答形式の穴埋め問題などを通じて、教科書の基礎的な単語の意味を確認していくことが考えられる。次のK2スキルでは、複数の個別知識を適切に結び付け、それらの関係性や因果関係を導き出す。この段階では、複数の選択肢の中から、正しいもの（あるいは誤っているもの）を選り分けたり、歴史的事象を時系列に沿って正しく配列したりするなどの作業を通して、まとまりのある事実関係を理解しているかどうかを確認する。さらにK3スキルは、K1スキルおよびK2スキルで習得した知識を再構成して自らの力でアウトプットすることが求められる。この段階の作業としては、ある地理的事象や歴史的事象などについて、指定された複数の語句を適切に用い、指定された字数の範囲内で論述することなどが想定される。

次に、実践力（Ｐスキル）の学習では、地図やグラフ、文書、画像資料等を読解する能力を身につけることが主眼となる。「読解する能力」は、「知識・技能」の「技能」に相当するとの考え方もあろう。しかしながら、情報が氾濫する現代社会であるからこそ、資料批判を含め、確かなデータに依拠し、その読解・解釈を通して思考を深める態度が重要視されている。社会科にとっては、資料に依拠しながら思考、判断、表現する態度を育てることが、他の教科にも増して重要な要素である。したがってＰスキルは、教科書から得られる知識の根拠を読図や史料読解などのさまざまな資料分析によって読み取る能力であり、ＫスキルをＲスキルへと繋げる橋渡しの部分に位置づけられる。

　P1スキルは、教科書に収録された各種資料に加え、地図帳や資料集などの副読本にまで範囲を拡げ、それらの資料の読解を通して、その意味内容について正確に把握することである。そのうえで、P2スキルとP3スキルではそれぞれ、その作業から得られた事実をもとに、対象とする地域や時代、社会の特質について整理すること、自分の言葉で論述することをめざす。先述した「『社会的な見方・考え方』は、その背後にある「親学問」に固有な知識生成の方法論や認識論的立場を基盤にしている」との考え方に依拠すれば、読図は地理学の、史料読解は歴史学の根幹をなす方法論（作法）であるから、Ｐスキルこそは、社会的な見方・考え方を養ううえで根幹をなす技能であり、思考力・判断力・表現力の源泉となる部分といえる。第2部の多くの授業実践例において、Ｐスキルに力点が置かれているのは、このことを反映している。

　最後の探求力（Ｒスキル）では、基礎力（Ｋスキル）と実践力（Ｐスキル）を通じて習得した知識・技能をもとに、抽象概念を抽出し、具体例を挙げてまとめる力を養う。それは同時に、教員が与えた教科書や資料を離れ、自らが発見した課題について、自身の力で解決しようとする遂行的知識を獲得することでもある。例えば地理的分野は、個別具体的な地域を取り上げ、種々の要素の結びつきから地方的特殊性を考究する地誌的分野と地球上で生起する種々の現象について一般的共通性を考究する系統地理的分野に大別できるが、Ｒスキルは後者に位置付けられる。また歴史的分野では、武士による支配と封建制度、諸産業の発達と都市・農村の変化、宗教勢力の在り方などの観点から、中世の日本社会の時代的な特質を抽出したり、東アジアやヨーロッパと比較したりすることなどが、Ｒスキルの具体例として想定される。

　Ｒスキルの深まりプロセスは、R1スキルが問題の所在が何なのかを的確に把握すること、R2スキルがその事柄について議論等を通じて深めること、そしてR3スキルがその事柄についての自分なりの考えを自分自身の言葉で説明することである。このプロセスは、課題発見から課題探求を経て課題解決に至るプロセスと言いかえることもできる。Ｒスキルは教科書を離れた世界であるから、学習の深まり具合や生徒の関心に応じて高校生向けの資料集や新聞記事などを用意したり、学術書やインターネット検索により生徒自身が主体的に情報を収集したりする活動を取り入れてもよい。

Ⅲ スキルコードを活用した授業改善

　第2部実践編には、スキルコードを用いた授業改善の具体例として、地理的分野7編、歴史的分野8編、公民的分野6編の合計21編を収録した。表2は、第2部に収録した単元名とそれぞれの単元で育成をめざす資質・能力、学習ロードマップについてまとめたものである。

表2　実践編の各単元がめざす資質・能力と学習ロードマップ

No.	分野	学年	単元名	育成をめざす資質・能力	学習ロードマップ						
1	地理的分野	1年	いろいろな国の国名と位置	本質的な知識力、情報処理力	K1	K2	K3	P2	P3	R1	R2
2		1年	世界のさまざまな生活と環境	本質的な知識力、情報収集力	K1	K2	P1	P2	P3		
3		1年	アジア州の自然環境	複数の事象を関連付けて考察する力	K1	P1	P2	K2	R1		
4		1年	ヨーロッパ統合と人々の生活の変化	本質的な知識力、情報収集力	K1	K2	K3	P1	P2	R1	
5		1年	さまざまな地域区分	複数の立場から多面的・多角的に考察する力	K1	P1	P2	K3	R2		
6		2年	都市や工業の発展と自然環境	複数の事象を関連付けて考察する力	K1	P1	P2	K2			
7		2年	観光客を呼び寄せる取り組み	問題発見力、判断力	K1	P2	P3				
8	歴史的分野	1年	律令国家での暮らし（1）	本質的な知識力、情報処理力	K1	P1	P2	R2			
9		1年	律令国家での暮らし（2）	問題発見力、情報分析力	K1	P1	P2	R2			
10		1年	全国に広がる下剋上	複数の立場から多面的・多角的に考察する力	K1	P1	P2				
11		2年	イスラムの拡大とヨーロッパ	本質的な知識力、情報分析力	K1	P1	P2	P3	R2		
12		2年	産業革命と資本主義の成立	問題発見力、情報処理力	K1	P1	P2	K3	P3	R1	R3
13		2年	黒船来航の衝撃と開国	複数の立場から多面的・多角的に考察する力	K1	P1	P2	K2	K3		
14		3年	新たな外交と国境の画定	本質的な知識力、情報処理力	K1	P1	P2	K2	K3		
15		3年	世界が注目した日露戦争	複数の立場から多面的・多角的に考察する力	K1	P1	P2	K2	K3		
16	公民的分野	3年	民主政治の発達	情報処理力、問題発見力	K1	K2	K3	P1	P2	R1	R2
17		3年	基本的人権の保障	情報分析力、問題発見力	K1	K2	P1	P2	P3	R2	
18		3年	選挙制度とその課題	本質的な知識力、問題発見力	K1	K2	P1	P2	K3		
19		3年	自衛隊と日本の安全保障	本質的な知識力、判断力	K1	K2	P1	P2	R2		
20		3年	貿易と為替相場	複数の立場から多面的・多角的に考察する力	K1	P1	P2	K2	R1		
21		3年	未来をつくる君たちへ	問題発見力、情報処理力	K1	K2	P1	R1			

　まず、表中の育成をめざす資質・能力については、本質的な知識力、問題発見力（問題の解決に向かう力も含む）、情報収集力、情報処理力、情報分析力、複数の事象を関連付けて考察する能力、複数の立場から多面的・多角的に考察する力、判断力の9つを設定した。これらの資質・能力は、冒頭に示した社会科の教科目標の「情報を効果的に調べまとめる技能」、「多面的・多角的に考察」、「課題の解決に向けて選択・判断したりする力」などの文言を反映させたものである。各単元では、上記の資質・能力の中から、とくに育成したいものを1つもしくは2つに絞り、目標として掲げている。「本質的な知識力」が最も多くなっているが、これは社会科にとって知識力こそが深い思考力や判断力の源泉であることを反映している。分野ごとの特徴としては、地理的分野において複数の事象を関連付けて考察する力（No.3、No.6）、歴史的分野において、複数の立場から多面的・多角的に考察する力（No.10、

No.13、No.15)。公民的分野において問題発見力（No.16、No.17、No.18、No.21）が多いことである。前二者は、種々の要素の結びつきから地域性や時代性を解明しようとする両分野の特徴を反映しているし、後者も、現代社会の見方・考え方と符合している。

　次に、学習ロードマップについてみると、K1（個別知識の獲得）を授業の端緒としていること、K2（個別知識から抽象化した概念の獲得）を必ず通るようにすることにより、「活動あって学びなし」を回避するという2点は、すべての単元に共通している。半数以上の単元で、K1→P1→P2→K2という課程を経ている。これは個別知識から抽象化した概念を導き出す課程で資料読解が重要であることを示している。一方で、K1→K2→K3という課程を経る例もみられる（No.1、No.4、No.16）。この手順は、個別知識を概念化し、その概念を使うことで概念の理解を確かなものにする際に有効である。

　スキルコードに沿った指導は有益な学習方法ではあるが、これに沿った授業を行ったからといって、育成を目指す資質・能力が身につくとは限らない。スキルコードに沿った指導の道筋はあくまでも一つの指導方法であり、教員により教材によっては、様々な指導手順が想定されてよい。大切なことは、生徒の実態に合わせた指導を心掛けることである。

［清水克志］

1）奈須正裕（2018）「『味方・考え方』を働かせて実現する『深い学び』とは　対象へのアプローチの角度から教科を問い直す」、『教育科学　国語教育』（明治図書）2018年2月号、4 - 7頁。
2）魚地道雄（2018）「社会科で育てる『資質・能力』と『社会的な見方・考え方』」富谷利光編『中学校各教科の「見方・考え方」を鍛える授業プログラム』（学事出版）、14-19頁

スキルコードで深める社会科の授業モデル

〔地理的分野〕
本質的な知識力、情報処理力

単元名▶いろいろな国の国名と位置

1 実践の概要

(1) 資質・能力の概要

　小学校高学年から中学校にかけては、児童・生徒の興味・関心や世界観が、メディアなどの影響も受けながら、地球的規模へと拡大していく時期である。インターネットの普及などにより、日本以外の国々に関する知識や情報は容易に得られるようになったが、そうした知識を自分達の生活や身近な地域と関連付けながら実感的に理解する重要性がいっそう強まっている。ある国や地域の特徴は、常に他の地域との比較を通して、一般的共通性と地方的特殊性とを抽出することによって、理解されていくからである。

　本単元は世界の諸地域を学ぶ導入に位置づけられる。様々な国の名称や国旗、国境、統計資料などに着目して国の特徴をとらえ、数理位置（緯度や経度）と関係位置とを地図上で確認していく。特にこの実践においては、生徒が苦手意識を持つことが多い統計資料の読み取りと、統計資料を比較することで実感的に理解する技能の習得を目指し、様々な統計データから世界の国々の姿を捉えることを目指す。

(2) 単元目標

・世界のさまざまな国の特徴を理解する。　　　　　　　　　　　　　　（知識・技能）

・世界の地域構成の特色を多面的・多角的に考察し、表現する。　　（思考・判断・表現）

・多面的な視点からそれぞれの国の特徴を捉え、その要因の追求などを通して世界観を深める。　　　　　　　　　　　　　　　　　　　　（主体的に学習に取り組む態度）

(3) 学習ロードマップ

K1	P1	R1
K2	P2	R2
K3	P3	R3

K1：統計資料から面積の大きい国と小さい国を読み取る。世界の国旗や国境の特徴を理解する。

K2：読み取った結果を日本や日常的に接する数字と比較し、実感的に理解する。

K3：日本は大きいか小さいか考察する。

P2：人口など他の指標で日本の国際的な位置を考察する。

P3：様々な統計データを参照し、どこの国を示しているのか考

察する。
R1：自分の興味のある統計データで上位の国を探す。
R2：その国が統計データの上位にある要因や背景を考察する。

(4) 単元計画
第1時 世界の国々の国旗や国境の特徴をまとめ、地図上に整理する。
第2時 地図帳の統計資料から世界の国々の特徴を読み取り、日本と比較することでそれらの特徴を実感的に理解する。（本時）
第3時 自分たちで調べてきた様々な統計資料を比較し、それらの関連性や要因を考察する。

2 実践のポイント……………………………………………………

　地理学習においては、様々な場面で統計資料を利用する。それは統計によって示される数値が、その地域の特徴を捉える重要な指標となるからである。ここで注意しなければならないことは、地理的分野の学習の最初期において、単に統計数値の多寡や順位を捉えるのではなく、その統計数値の持つ意味を、その地域の自然条件や社会条件と関連付けて理解する技能を身に付ける必要がある。このことは、地理教育における悪い例として挙げられる、地名と特産物を対応させて捉える「地名物産地理」に陥らないためにも、不可欠のポイントである。

　そのためには単に統計資料から数字を読み取るだけでなく、それらの数字を比較（特に自分の日常生活から実感的に理解することが出来る地域との比較）し、比較することによって統計の持つ意味を読み取り、その統計の背景や要因を考察するという作業を段階的に行っていかなければならない。

3 本時の展開(第2時)……………………………………………

(1) 世界の国々の面積を読み取る

日本は大きい国か、小さい国か。（K1）

・学習の前に、自分が持っている日本の面積のイメージを確認する。

世界で面積の大きい国々ベスト7を調べ、日本と比べよう。（K2）

・正積図法で描かれた世界地図と統計資料の両面から面積の広い国々を探す。
・それらの国々と日本の面積を地図上、統計資料から読み取った数字でそれぞれ比較する。
・シベリア鉄道と北海道新幹線～九州新幹線のそれぞれの始点から終点までの所要時間を比べてみるなど、日常生活から類推できる事柄からそれぞれの国の面積を実感的に理解する。

> 世界で面積の小さい国々を調べ、日本と比べよう。（K1・K2）

・世界で最も面積の小さい国々を小さいほうから3つ探す。
・バチカン市国（約0.44km^2）と東京ディズニーシー（約0.49km^2）の面積の比較、居住する市町村や都道府県、北海道・九州・四国などと近い面積の国々を探すなどしてそれぞれの国の面積を実感的に理解する。

> 日本は大きい国か、小さい国か。（K3）

・地図上での大きさや統計資料の数字、日本の順位をおさえた上で、もう一度日本の面積に対するイメージを整理させ、理由つきで自分の意見を述べさせる。

(2) 日本の人口を世界の国々と比較する

> 日本の人口を世界の国々と比較してみよう。（P2）

・日本の人口、世界で最も人口の多い国、世界で最も人口の少ない国を読み取る。
・日本の人口の順位をおさえ、人口1億人以上の国々の傾向や共通点（稲作が盛んなモンスーンアジアに多い、面積の広い国は人口も多くなる傾向がある、人口ボーナスによる経済発展など）を考える。この時、それらの国々の地図上の位置を正積図法の世界地図で整理しながら考察する。
・人口と面積、人口密度、1人当たりGNIなど、ほかの指標との関連性を考察する。

> 5年前の資料と最新の資料を見比べよう。（P3）

・5年前の資料から、人口1億人以上の国々の人口の変遷をとらえる。
・日本やいろいろな国の人口の特徴を自分なりに文章で説明する。

　このように統計資料から読み取った数字を、自分の生活空間などから実感的に理解できる数字と比較し、その結果として得られる考察を一つ一つ言語化・文章化していくことで統計資料の概念化とそれによる世界観の変遷を自覚することができる。

　この後、生徒の実情に応じて「インターネットなどから自分の好きな事柄について、ベスト3の国々を調べてくる」「なぜそれらの国々が世界で上位なのか、その理由を予想し、調べてくる」などの課題を課し、次の時間にそれらをクラスの中で共有することが望ましい。

4 授業改善の視点……………………………………………………

　本単元の目標は、さまざまな視点から日本や世界の国々の特徴を自分なりに理解する（世界観を構築する）ことであった。この世界観に唯一絶対の正解は存在しないことに注意しな

けDればならないD。例えば、ロシアやカナダなどの大面積を持つ国々と比較すればやはり日本は小さいと言えるのではないかと考える生徒も、日本の面積は世界の国々の上位3分の1に含まれるのだから大きい国と言えるのではないかと考える生徒も、どちらも正しい。しかし反対に、概念化の失敗、間違った世界観の構築は存在する。

　統計資料読み取りの地理的思考力（概念化の成功）を評価する方法としてよく行われるのは、人口や面積、貿易額の資料を3つか4つ提示し、それらの資料が選択肢の中のどの国のものであるか答えさせる試験である。今回の単元のまとめとして定期考査でその問題を出題した（シンガポール、ドイツ、ニュージーランド、オーストラリアの面積・人口・貿易額を示し、どれがニュージーランドのものか答えさせた）が、そのときに「なぜその統計資料がその国だと考えたのか」の理由を文章で説明させてみた。例年、記述問題を白紙で提出する生徒が多く見られるが、授業実践の中で粘り強く考えや理由を文章化させていたため、従来よりも多くの生徒が自分の思考を文章化できていた。また、例年出題している同様の問題よりも正答率が上昇していた。

　一方で、理由を説明させることにより教員が思ってもいない生徒の概念化の失敗がみられることもあった。例えば、複数の生徒が「ニュージーランドは島国であるから面積が一番小さい」と考えたことが分かった。オーストラリアやシンガポールも島国であることが理解できていないことも問題であるが、「島国＝面積がとても小さい」という事実誤認が生徒の中で構築されていたことを評価時まで教員が把握できていなかった。

　今後は統計資料の概念化と並行して、いろいろな国の世界地図上での位置づけを身につけさせることにも留意しつつ、生徒のつまずきを補正し、正しい世界観を構築させていく必要がある。

［天野かおり］

育てる 資 質・能 力

〔地理的分野〕
本質的な知識力、情報収集力

単元名 ▶ 世界のさまざまな生活と環境

1 実践の概要

(1) 資質・能力の概要

　高校地理では「気候を制するものは入試地理を制する」という表現が存在する。これは系統地理の中でも自然地理、とりわけ気候の分野は、単なる暗記ではなく論理的な思考力が要求されるからであるとともに、気候が人間生活に及ぼす影響が非常に大きいために地理的思考力が育まれやすいからである。

　もちろん世界各地における人々の生活を自然的条件の違いのみに留意して捉える自然環境決定論へ生徒を誘導しないように注意を払わなければならない。しかし、中学校地理学習のメインである地誌学習に入る前に各気候区の特徴や分布の規則性とその要因、それらが一般的に人間生活に与えやすい影響の一般的な法則とその実例を理解することで、各地域の一般的共通性と地方的特殊性をみる「ものさし」を作っておくことは、地理的なものの見方・考え方を養う上で非常に重要である。つねに自分たちの身近な気候や生活と比較することで、その法則や影響を実感的に理解することを目指す。

(2) 単元目標

・さまざまな気候の分布と特徴を理解する。　　　　　　　　　　　　　　　　　（知識・技能）

・世界各地の気候や人間生活を自分たちの地域の生活や気候と比較し、気候と人間生活の因果関係や影響などを整理する。　　　　　　　　　　　　　　　　　（思考・判断・表現）

・世界のさまざまな地域の生活に気候がどのような影響を与え、また人々がどのようにその気候を利用しようとしているかを学ぶ。　　　　　　　　（主体的に学習に取り組む態度）

(3) 学習ロードマップ

K1	P1	R1
K2	P2	R2
K3	P3	R3

K1：世界の気候の分布とその特徴を理解する。

K2：気候分布の因果関係や、気候が他の要素に与える影響について考察する。

P1：世界各地の地域の人々の生活のようすを知る。

P2：世界各地の地域の人々の生活に気候が与えている影響を考える。

> P3：対象地域と自分たちの生活との共通点と類似点を、要因を
> 踏まえながら説明する。

(4) 単元計画

第1時 地軸の傾きが低緯度地域・高緯度地域に与える変化を理解する。

第2時 白地図に主な気候の分布を図示し、雨温図の作成方法・読み取る方法を学ぶ。

第3時 各気候の分布や特徴を、要因や人間生活への影響を考えながら整理する。（本時）

第4時 熱帯・乾燥帯の地域の生活を、代表となる地域の生活から学ぶ。

第5時 温帯・亜寒帯・高山気候の地域の生活を、代表となる地域の生活から学ぶ。

第6時 世界各地の住居や衣服、食べ物の特徴と分布を整理する。

2 実践のポイント……………………………………………………

　気候の学習は、普段聞きなれない用語も多く、また気候区分の細分化によってその分布や特徴を覚えきれなくなってしまう生徒が多い。覚えなければいけない用語は多いが、単純暗記では知識として定着していかない。そのためどうしてその地域でその気候があらわれるのか、という気候因子や、なぜ気候帯によって住居や衣服に違いがみられるのか、という因果関係を丁寧におさえていく必要がある。

　ただし、そこで生活する人間の意志やその地域ごとの文化・歴史的事情によって人間生活は常に変化していくことも、同時に示し続けていかなければならない。

3 本時の展開（第3時）……………………………………………

(1) 主な気候の分布の特徴を読み取る。

> ５つの気候帯はどのように分布しているか。（K1）

・前時までに、熱帯・乾燥帯・温帯・亜寒帯・寒帯の分布を白地図に記入している。

・基本的に、各気候帯は緯線に並行して帯状に分布している。
　→緯度の違いがもたらす気候の変化を復習する。

> 乾燥帯はどのような場所に分布しているか。（K2）

・乾燥帯は回帰線付近に集中している。
　→熱帯で発生した上昇気流が回帰線付近で下降気流となるため。
　（大気の大循環モデルには踏み込みすぎず、上昇気流＝湿潤、下降気流＝乾燥など生徒の特性や理解度に応じて基本的な解説を行う）

> ５つの気候帯は赤道を中心に線対称に分布しているか。
> 緯線に並行に分布していないと言える場所はどこか。また、それはなぜか。(K2)

・北半球には亜寒帯が広く分布するが、南半球には亜寒帯が分布していない。
　→南緯60度付近に広い陸地が存在しない。
・回帰線付近ではない場所に乾燥帯が存在することがある。→内陸砂漠など。
・赤道直下なのに温帯となる地域や、中緯度地域なのに寒帯となる地域がある。
　→地図帳などから地形を示す地図と比較し、高山地域は気候が垂直的に変化することを確認する。
・イギリスと北海道では北海道の方が低緯度であるのに、北海道は亜寒帯でイギリスは温帯となる。
　→北大西洋海流と偏西風により、ユーラシア大陸西岸は冬に温暖。

(2) それぞれの気候の特徴をおさえる。

> 亜寒帯と寒帯とを分けるものは何か。(K2)

・冬の気温で比較すると、北半球の寒極は亜寒帯のオイミャコン（ロシア）であり、寒帯の方が亜寒帯よりも寒いとはいいきれない。
・夏の気温は亜寒帯よりも寒帯の方が低い。
　→教科書や資料集の写真の比較から、夏の気温の違いは植生の有無に関係する。
・気候が違うと、地表を覆って生育する植物（植生）が変わる。植生が変わる気温と降水量で気候区が分けられている。

> 教科書の記述から、各気候の特徴を「気温」「降水量」「植生」に分けて整理しよう。(K2)

・教科書や資料集の記述から、熱帯雨林気候・サバナ気候・砂漠気候・ステップ気候・温暖湿潤気候・西岸海洋性気候・地中海性気候・亜寒帯・ツンドラ気候・氷雪気候のそれぞれの気候の特徴を「気温」「降水量」「植生」に分けて表にまとめる。
・教科書や資料集で説明が省略されている欄は、他の気候や気候分布の特徴からどのような記述が入るべきか自分たちで予想する。
・「植生」に関しては、名称、文章による特徴の説明、写真の３つ全てを正しく組み合わせられるように示す。

> それぞれの気候の雨温図（略図）を、気温と降水量の特徴をおさえて書こう。(K2)

・自分で作成した表と、地図帳や教科書に掲載されている雨温図の例から、それぞれの気候をあらわす雨温図の略図を自分で簡単に描き、注目すべき特徴を記入させる。あくまで特徴を示した略図であり、細かな目盛りは使用しない。

例）

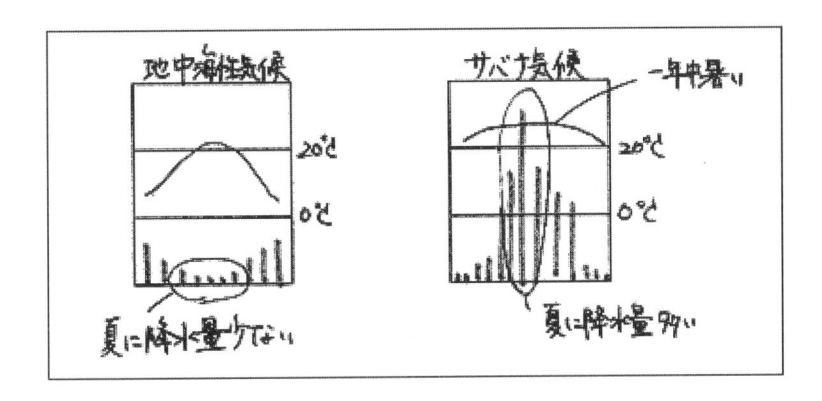

> 「気温」・「降水量」・「植生（森林や草原の有無)」の違いで人間生活はどう変化するか予想しよう。(P1・P2)

・気温の違いがもたらす生活文化の違い、降水量の違いがもたらす生活文化の違い、森林の多い場所と森林が見られない場所での生活文化の違いをそれぞれ予想させ、次の時間の学習へとつなげる。

4 授業改善の視点……………………………………………………

　今回の授業の感想を生徒に書かせると、多くの生徒が「『南極（寒帯）では降水量が少ない』ということがとても意外であった」と書いていた。詳しく話を聞いてみると、彼らは南極に対し、日本の北陸地方にみられるような豪雪地帯以上の積雪量があるという印象を持っていた。南極半島など南極大陸沿岸部では海の影響で降水量がみられるが、特に内陸部分は下降気流により乾燥する（ちなみに、日本の気候でも日本で最も積雪量が多いのは北陸ではなく北海道の北端地域だと考えている生徒が多い）。

　こうした今までの世界観や知識・印象を、理論的に裏づけて、整理・修正していく作業に学習の面白さを感じることができれると、生徒の学習意欲が大きく高まる。こうした「よく考えれば納得できるが、誤解を生じやすい」事柄を生徒に感じさせられたか否かが、授業が成功したかどうか評価基準のひとつとなるだろう。

　授業改善の視点としては、沖縄など南西諸島の雨温図を用いながら熱帯と温帯の境界（最寒月平均気温18度）や温帯と亜寒帯の境界（最寒月平均気温－3度）が何を意味しているか生徒に調査・考察させてみるなどの方法が考えられる。

　また、今回は各気候区分の特徴を「気温」「降水量」「植生」の3つの視点から表にまとめさせたが、「気温」「降水量」に関しては教科書や資料集に言及のない点は気温の法則より類推できるものが多く、生徒に推測させるには非常によかった。こうした点を補強できる資料などを用意しておくとより効率的であると考えられる。

　なお、温帯に関しては植生の特徴が把握しにくいため実物などの具体的な樹種を用いるなどの工夫が必要である。　　　　　　　　　　　　　　　　　　　　　　　　［天野かおり］

育てる資質・能力

〔地理的分野〕
複数の事象を関連付けて考察する力

実施学年
1年

単元名▶ **アジア州の自然環境**

1 実践の概要

(1) 資質・能力の概要

　中学社会の地理的分野の単元構成をみると、前単元で得た知識を次の単元で応用できるものが少なくない。すなわち地理的分野は、自分が身に付けた知識を活かして新たな知識を導き出し、知識を積み上げていくという基本的な学習のプロセス経験しやすい科目といえる。

　本単元では、それまでの「世界の姿」「世界各地の人々の生活と環境」で学んだ知識を、アジア州という具体的な地域に適用していく。身近な経験から理科の知識を確認し、その知識から季節風の特徴を導き出す。さらに、その季節風がアジア州にもたらす気候的な影響と、前単元までで学習した内容とを突き合わせることで、アジア州の生活・環境に関する特徴を考察する。地域を構成する複数の条件をもとにして、アジア州の地域的特徴を考察する力が、本単元で身に付けることを目指す資質・能力である。

(2) 単元目標

・アジア州の環境について基本的な知識を身に付ける。地図を用いたデータから、アジア州の気候と人口・主要な作物の関係について適切に読み取る。　　　　　　　　（知識・技能）

・複数の条件から季節風の特徴と季節風がアジア州の気候にもたらす影響を導き出し、まとめる。　　　　　　　　　　　　　　　　　　　　　　　　　　　（思考・判断・表現）

・これまでの授業や生活の中から学んだ知識を活用し、アジア州の気候について考察する。　　　　　　　　　　　　　　　　　　　　　　　　（主体的に学習に取り組む態度）

(3) 学習ロードマップ

K1	P1	R1
K2	P2	R2
K3	P3	R3

K1：アジア州の位置、地名や自然についての基本的な知識を身に付ける。

P1：複数の条件から、季節風の特徴を導く。

P2：導いた季節風の特徴から、モンスーンアジアの気候の特徴を導く。

K2：既習の内容を活かし、モンスーンアジアで栽培される作物や生活の特徴を考える。

R1：身近な現象と気候、生活とを関連を持って考える。

(4) 単元計画

第1時 アジア州の位置と他の地域と比べた人口などの特徴、主な国名・河川・山脈名と位置といった基本的なアジア州の特徴を理解する。

第2時 複数の前提条件を参照しながら、季節風の特徴と、季節風がアジア州にもたらす気候的な特徴を導き出す。前単元である「世界各地の人々の生活と環境」で学んだ内容から、資料を通じてアジア州で栽培される作物や生活の特徴について考察、確認する。

2 実践のポイント………………………………………………

　自然地理の分野は、理科の知識が直接に用いられる場面がある。本単元では、地球の公転と季節の関係や海洋・陸地の比熱の違い、気圧などの知識が必要となる。本単元の学修課題は、季節風とアジアの気候の特徴を理解することであるため、詳しい原理までは扱わない。重点を置くのは、身近な例から前提条件を揃えていき、それらの条件から特徴を導き、文章や白地図に書き込む形でまとめるという一連の過程を経験することである。季節風の向きと降水量の関係を導いたら、人口や作物の分布を示した地図と比較して関係を考察する。これは、前単元までの学習内容を活かす経験である。前提となる知識を教室で共有し、「知らないから分からない」と感じる生徒を生まないことがポイントとなる。自分が持っている知識を活かし、さらに新しい知識を獲得する。これが本単元で目指す「知恵」である。

3 本時の展開（第2時）………………………………………

(1) 身近な例に触れつつ、季節風について考察する条件を挙げる

　アジア州の気候の特徴を身近な理科の知識を使いながら探っていくという本時の授業内容を生徒に提示する。

> **海水浴の時、砂浜を裸足で歩いたことはあるか？その砂浜はどんな状態だったか？（P1）**

　全体に発問し、挙手させる。海水浴に行ったことがない、という生徒がいた場合はプールサイドの経験を思い出させる。「熱かった」という意見が出てきたら次に、「海の水は、砂浜と比べてどうだろうか？」と話を繋げる。「（砂浜と比べて）冷たい」と容易に答えが返ってくるはずである。

　同量の太陽の熱を浴びている砂浜と海水で、どうして温度が違うのだろうか。詳しい原理の解説はせず、「物質の温度を $1{}^\circ\mathrm{C}$ 上げるために必要なエネルギーが違うから」という程度の説明に留めておくのがよいと思われる。「砂浜は海水では、温まりやすさが違う」ことを生徒が確認できればよい。

> 海洋と陸地、熱せられた時に熱くなりやすいのはどちらだろうか？（P1）

改めて全体に発問し、挙手させる。ここまでの流れを確認できていれば、容易に「陸地と海洋では、陸地の方が熱しやすく、冷めやすい」と導かれる。これは条件の1つとして板書に残す。

> 冬に暖房を付けた時に、暖かい空気は部屋の上と下、どちらに動くだろうか？（P1）

それまでと同様に全体に発問し、挙手させる。小学校で学習した内容であるので、自信を持って答える生徒もいると思われる。「暖かい空気は上昇し、冷たい空気は沈降する」ことを条件の1つとして板書に残す。

(2) 季節風の特徴について考察する

東アジアから南アジアにかけて、季節によって風向きが変わる風があり、季節風またはモンスーンと呼ばれることを示す。

> 季節風（モンスーン）が吹く方角は、季節によってどのように変わるだろうか？（P2）

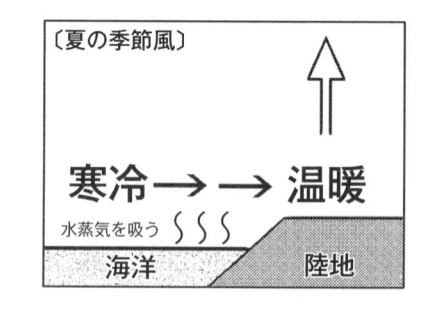

先に挙げた2つの条件を確認する。
　①陸地と海洋では、陸地の方が熱しやすく、冷めやすい。
　②暖かい空気は上昇し、冷たい空気は沈降する。
加えて、以下の条件を確認する。
　③北半球は、夏に太陽の熱を強く浴びる。
海洋と比べてすぐに暖められた陸地に近い空気が上昇していく。そこへ、海洋の冷たい空気が流れ込んでくる。すなわち、夏の場合は「海から陸に向かって風が吹く」。順を追っていけば、生徒と共に考えて進めてもこの結論を導き出せるだろう。反対に、冬には「陸から海に向かって風が吹く」となる。考え方は夏の場合と同じなので、生徒自身にまとめ、説明させてもよい。

> 季節風（モンスーン）によって気候にはどのような影響があるだろうか？（K2）

東アジア〜南アジアの地図の白地図を用意し、風向きを記入する。その地図を見ながら、「湿った空気は雨をもたらす」条件を与え、季節によってアジア州のどの地域に雨が多くなるかを考えさせる。「海の上を通った空気は湿っている」と気付ければ、海から風が吹く夏の方が南〜東アジア全体に雨をもたらすと導き出せる。実際に降水量を表した地図を示して確認をする。

ちなみに、地球の自転の影響で、北半球では風は進行方向の右側に動かされる。そのため、

湿った空気はサウジアラビアやイランの辺りには届かない。また、北アフリカから西アジアにかけては、赤道付近で暖められて上昇する際に雨をもたらしたことで乾燥した空気が地上に降りてくる地域であり、砂漠が広がる乾燥帯となっている。

(3) 季節風がアジアにもたらす影響を資料から考察する

季節風の影響を受ける地域の降水量と、人口分布・栽培作物の関係を見つけよう。

(K2・R1)

アジア州の降水量の分布と、人口分布・作物分布の地図を突き合わせることで、それらの関係性を考察する。人口分布については、沿岸・河口・河川流域を中心とする穀物生産の多い地域では人口が多いといった関係性が導き出される。作物分布については、インドの東・北東部や東南アジア、中国南部で稲作が行われていることから、降水量が多い地域では稲作が行われていることが分かる。

米・小麦の生産地域については、世界の気候を学んだ際に触れているため、既に学んだ内容を補完する形となる。複数の地図から、地域の特徴を導き出す過程を丁寧に扱う。

4 授業改善の視点……………………………………………………

本単元では、複数の条件から季節風の特徴を導き出す、季節風がアジア州の降水量・人口分布・作物分布に与える影響を、地図を用いて導き出す、という2つの段階を踏んでいる。そのどちらにおいても、与えられた条件から特徴を考察するという経験に重点を置いている。展開の方法として、「どうなるだろうか？」「何が分かるだろうか？」という問いの繰り返しでモンスーンアジアの特徴を一通り確認することを試みた。

日本から離れた地域であるとイメージしづらい部分もあるので、日本の多くの地域で実体験しやすい、「夏は海からの湿った南東の風で蒸し暑く、冬は冷えた大陸からの風によって寒く、乾燥する」という日本の季節風による気候の特徴に触れてもよい。加えて、冬の北風も、日本海流で暖められて水分を含むことによって日本海側に降雪をもたらすことも季節風と絡めて扱うことができる。単元の構成からは外れるが、理解を深めるために扱う価値はあると思われる。

［小島朋輝］

育てる 資質・能力

〔地理的分野〕
本質的な知識力、情報収集力

単元名▶ ヨーロッパ統合と人々の生活
の変化

1 実践の概要・・・

(1) 資質・能力の概要

　地理は、現代を生きる人々を取り巻く社会を様々な視点から複合的に考察する。具体的な資料を正確に読み取る技能はもちろん、今社会でなにが起きているのか、何が問題となっているのかを考察する思考・判断力を養わなければならない。

　本単元では、EU 成立によるヨーロッパ社会の変化を概観し、イギリスの EU 離脱問題へと話をつなげていく。なぜ EU が作られたのか。作られたことで何が変わったか。今 EU で何が起こっているのか。資料を読み解きながら段階を踏んで考察していき、現代社会における協力・統合の意義と難しさに気づくことを目指す。

(2) 単元目標

・EU（ヨーロッパ連合）の概要・特徴を理解する。　　　　　　　　　　（知識・技能）

・資料の読み取りを通じてヨーロッパ統合の意義を考察する。　　　（思考・判断・表現）

・資料・新聞記事などの読み取りを通じて、EU が抱える課題と現在の状況を考察する。

　　　　　　　　　　　　　　　　　　　　　　　　　（主体的に学習に取り組む態度）

(3) 学習ロードマップ

K1	P1	R1
K2	P2	R2
K3	P3	R3

K1：ヨーロッパ統合の経緯と事実を理解する。

K2：EU についての資料を読み取る。

K3：EU 成立の結果を理解する。

P1：資料を読み取り、EU の現状を理解する。

P2：EU 成立の意義を考察する。

R1：EU が抱える課題を把握する。

(4) 単元計画

第1時　二度の世界大戦への反省と経済協力のため、ヨーロッパ諸国が統合を目指した経緯を理解する。

第2時　EU 成立により人々の生活がどのように変化したか、具体例を見ながら EU の存在意義を考察する。

第3時 新聞記事や資料から、今 EU で何が起きているのかを読み取り、EU の課題を考察する。（本時）

2 実践のポイント……………………………………………………

　世界地誌は中学生には身近に感じづらく、どんな地域か、日本とどう違うのかを比較する程度の学びで終わってしまうことが多い。遠く離れた地域について学ぶ理由は、それが現代日本で暮らす私たちにとっても決して無関係ではないからである。そのため「今、何が起きているのか」に焦点をあて、様々な資料を読み取りながら EU の現状と課題を考察することを目指す。

　考察する題材として、イギリスの EU 離脱問題を取り上げる。イギリスがなぜ EU 離脱を選んだのかを資料を通じて読み取ることで、EU が抱える課題を見つけ出す。

3 本時の展開（第3時）……………………………………………

(1) EU が成立した意義を確認する

> EU が成立したメリットを確認しよう。（K1）

・ユーロ導入国どうしでは両替なしで買い物ができる。
・国どうしの貿易で関税がない。
・国境を自由に越えられる。
・産業発展のため補助金を得られる。　　　　　など

(2) 資料から、それぞれの政策決定の根拠を読み取る

> イギリスの EU 離脱問題に関する資料を読みとろう。（K2・K3）

○イギリスの EU 離脱の是非を問う国民投票（2016年6月23日実施）投票率と得票率

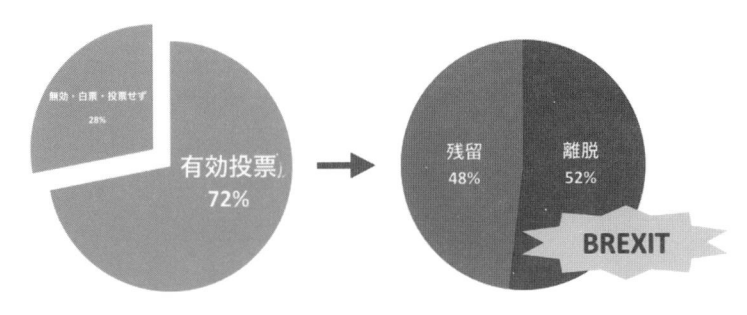

・有効投票は72％と高く、イギリス国民の関心が高い。
・離脱と残留の差はわずか4％である。
・僅差で離脱が残留を上回っている。

○離脱と残留それぞれの投票理由

【離脱の理由】　　　　　　　　【残留の理由】

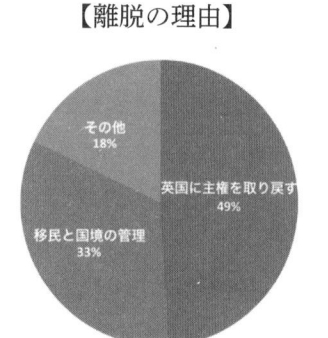 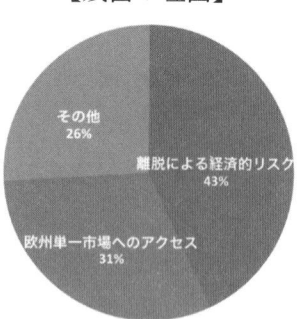

・残留の理由は、EU の経済的メリットを重視している。

・離脱の理由の一つは、EU にいると移民が入ってきてしまうことである。

・「イギリスに主権を取り戻す」とは？

　　↓

> イギリスがなぜ EU から離脱したいのか、資料から読みとろう。（P1・P2）

○欧州議会の構造／ユーロ圏・非ユーロ圏の割合

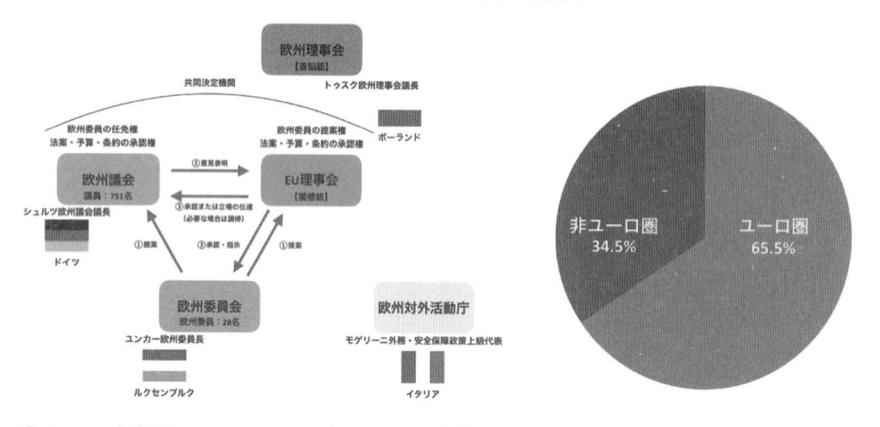

○ EU の国別 GDP シェア（％　2015年）

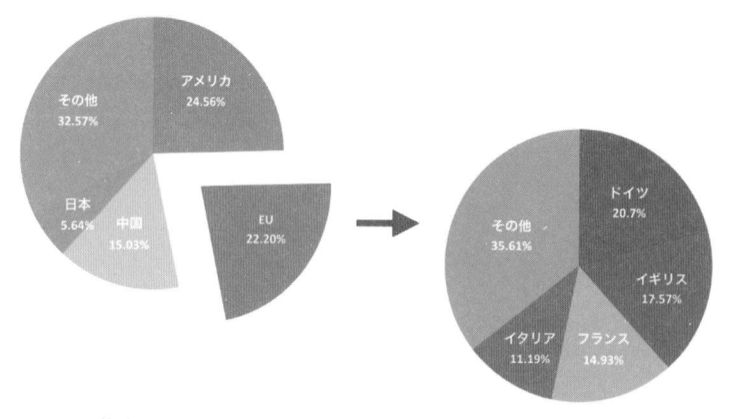

・欧州議会の主要機関の長にイギリス人がいない。

・非ユーロ圏の国という意味では EU 内で少数派である。

・EU の GDP は世界の 2 割強を占めている。

・EU の GDP のうち 2 割弱をイギリスが占めている。

(3) EU の課題を考察する

> なぜイギリスは EU を離脱したいのか。（R1）

・EU 圏外からの移民の流入を防ぐため。

・EU の方針に左右されない政治を行うため。

・EU における経済的負担の不平等から抜け出すため。

　イギリスが EU 離脱を望む理由を考察することで、このような EU が抱える課題を提示させることを目指す。一つ一つの資料から読み取れる情報を総合した結論を出せるよう導いていく。EU が成立した経緯を再確認し、どうすれば国同士の統合を維持していけるかという問いかけをして、この単元を終えたい。

4 授業改善の視点……………………………………………………

　本単元では、イギリスの EU 離脱問題に関する資料を読み取り、情報を総合して EU が抱える課題を探る力を身につけさせようとした。発見した EU の課題は EU だけの問題ではなく、地域連携において必ず直面する課題であることを学び、世界の現状を把握する力を知恵として定着させることを試みた。

　今回取り扱った内容は、リアルタイムで状況が動きつつある問題であるため、新聞やインターネットを通じて地域連携に関わる資料を探索させ、実際に定着させた知恵を実践させることも考えられる。「EU」「移民」「離脱」といったキーワードを使って探索させると、アメリカのトランプ政権の政策課題や TPP 離脱などと関連付けられる生徒の時事問題への関心を喚起できるかもしれない。　　　　　　　　　　　　　　　　　　　　　　［戸村早紀］

参考資料：https://asset-formation.com/2016/07/14/economy-eu-4

〔地理的分野〕
複数の立場から多面的・多角的に考察する力

実施学年
1年

単元名▶ さまざまな地域区分（日本の姿）

1 実践の概要

(1) 資質・能力の概要

　地理は、どこにどのようなものが、どのように広がっているのか、そしてその事象がなぜそのように分布したり移り変わったりするのかということを、地域という枠組みの中で、人間との営みとのかかわりに着目し、追求する分野である。

　地理的事象を、物産暗記的に言葉のみを理解するのではなく、地域の自然的条件や他地域との結び付きなどから、地理的な見方や考え方を働かせ、課題を追究したり解決したりする活動が、地理的分野における深い学びで根幹となり、とても大切なこととなる。これが「地理は地域の科学である」という所以である。

　本単元で身に付けたい「知識・技能」に関わる事項として「①自然環境、②人口、③資源・エネルギーと産業、④交通・通信」の四つの項目に基づく地域区分を踏まえ、我が国の国土の特色を大観し理解することが挙げられる。分布図を作成するなどして日本全体の地域的特色を大まかに捉え、それに基づいて日本を幾つかに地域区分することで、それぞれ特色ある地域から日本ができていることを理解させ、日本の地域構成を大観させることを目指したい。

(2) 単元目標

・世界の中での日本の位置、日本の領域と領土問題、日本の地域構成やさまざまな地域区分について理解し、日本と各地との時差を求める計算、日本の略地図を書く方法を身に付け、用いることができる。　　　　　　　　　　　　　　　　　　　　　（知識・技能）

・地球表面上における時差の存在、世界の中での日本の位置や広がり、日本国内のさまざまな地域区分の指標について、多面的・多角的に考察・判断し、その過程や結果を適切に表現することができる。　　　　　　　　　　　　　　　　　　（思考・判断・表現）

・世界の中での日本の位置や、日本国内の地域構成や地域区分に関心を持ち、地球儀や地図を活用して、それらの事象を意欲的について追究しようとしている。

　　　　　　　　　　　　　　　　　　　　　　　（主体的に学習に取り組む態度）

(3) 学習ロードマップ

K1	P1	R1
K2	P2	R2
K3	P3	R3

K1：行政区分で使われる7地域区分を理解する。

P1：地図帳から、地域区分の指標を読み取る。

P2：資料から、7地方区分以外の地域区分があることを考察する。

K2：基準や目的によって、さまざまな地域区分があることを理解する。

K3：地域区分の数や大きさについて、中部地方の細区分や、福島県内の地域区分などについて、理解する。

R2：自然、歴史・文化、古いの国名などの共通性だけでなく、結びつきの強さといった関係性も指標になる。

(4) 単元計画

第1時 地球儀や世界地図を活用しながら、さまざまな方法で日本の位置を示す。

第2時 時差のしくみを理解し、日本とおもな国々・都市の時差を計算する。

第3時 領域のしくみや日本の領域の特色を理解し、日本がかかえる領土問題について主体的に考える。

第4時 都道府県や県庁所在地の名称が決まった経緯を理解する。

第5時 日本を区分するさまざまな指標を知り、さまざまな地域区分があることを理解する（本時）。

2 実践のポイント・・

　「日本の地域的特色と地域区分」の中で、日本の地域的特色については、系統的に理解を深めるための基本的な事柄で構成すること。また、地域区分に関しては、日本の地域的特色を見いだしやすくなるようにそれぞれの適切な数で区分することとされている。これまで経験的によく使われてきた地域区分は、行政単位を指標とした7地方区分であるが、中部地方などのように各地方をさらに幾つかに分ける区分や、福島県などのように県内を位置によって地域区分する方法などを「知識」として確認させる。さらに、特産物・JR などの企業・社会、スポーツの大会予選の区分などいくつかの基準や目的によって、さまざまな地域区分があることを知る「経験」をさせ、地域区分についての方法や使用されている目的を捉える力が、本単元で目指す「知恵」である。

3 本時の展開（第5時）・・

(1) 日本の大まかな地域区分を考え、7地方区分を確認させる

> 日本を2分したり、3分したりする場合の区分とはどのようなものか。（P2）

・西日本と東日本の区分。　例　天気予報

・西南日本、中部日本、東北日本の区分。

・どこが、それぞれ境界線となるのか。

> 地域区分とは何か。（K2）

・共通性や関連性をもとに、いくつかのまとまりのある地域に分けること。

・北海道、東北、関東、中部、近畿、中国・四国、九州地方。

(2) 既習した代表的な地域区分を、地図帳などを使ってさらに細かな地域に区分されていることを考察する

> 中国・四国地方を地域呼称で4区分、気候で3区分してみる
> …⇒山陰、瀬戸内（山陽・北四国）、南四国
> 中部地方を、実質的なまとまりをもとに3区分する…⇒北陸、中央高地、東海
> 福島県を東西中の3区分する…⇒浜通り、中通り、会津

(3) 独自の地域区分を用いている例をあげ、区分される数や大きさの違いに気づかせる

> さまざまな地域区分について、区分の指標は何か考えよう。（R2）

○ JR の6つの会社～時刻表より～

> ・長野県南小谷駅は、JR 東日本と JR 西日本との唯一の境界駅。（大糸線）
> ・静岡県熱海駅は、JR 東日本と JR 東海の境界駅。
> ・滋賀県の米原駅は、JR 西日本と JR 東海の境界駅。

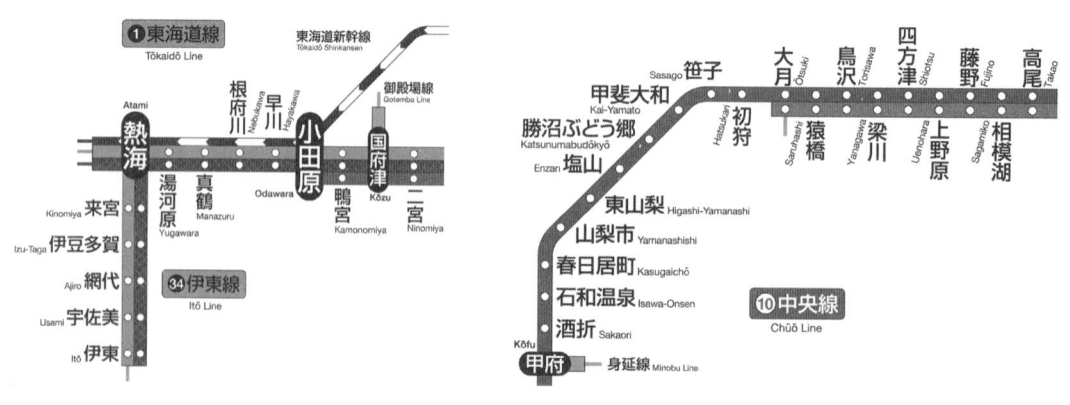

（JR 東日本　路線ネットワークより）

・JR 御殿場線の神奈川県内の駅は関東地方にありながら JR 東海エリア。
・JR 中央本線の甲府駅までは、山梨県であっても JR 東日本エリア。（首都圏）

○2019年選抜高等学校野球大会出場校〜地方大会結果一覧より〜

・三重県の津田学園高校は、近畿地方代表でなく、東海地区第2の推薦校。
・山梨学院高校は、中部地方でありながら、東海、中央高地の大会での参加ではなく、
　関東地区第3の推薦校。

・中部地方大会は存在せず、長野・新潟・富山・福井県は北信越大会、静岡・愛知・岐阜県、
　そして近畿地方の三重県は東海大会、山梨県は関東大会の予選に出場。

2019年　選抜高校野球　出場校一覧
関東・東京（6）　　桐蔭学園（神奈川）・春日部共栄（埼玉）・山梨学院（山梨）・
　　　　　　　　　　習志野（千葉）・横浜（神奈川）・国士舘（東京）
北信越（2）　　　　星稜（石川）・啓新（福井）
東海（2）　　　　　東邦（愛知）・津田学園（三重）

4 授業改善の視点 ……………………………………………

　本時の内容は、行政単位を指標とした7地域区分だけでなく、基準や使用する指標によって、区分される地域の数や大きさなどが変わることを理解させ、その上で資料・地図帳を読み取った情報から、日本の地域構成を多面的・多角的に捉える力を知恵として定着させようと試みた。三重県を考えるとき、大阪よりも名古屋との関係が深いことを理解することにより、なぜ東海地方に区分されるのかが理解でき、同様にさまざまな地域区分を生徒も考察しやすいだろう。

　第1時から第4時で扱う四つの小単元の授業の中で、小学校の第5学年の「我が国の国土の自然などの様子」という学習内容、具体的には国土の地形や気候の概要、我が国の位置と領土について、地図や地球儀、資料などを活用して調べさせるということとの接点を本時の随所に設け、より多くの事象について意欲的に追究させ、日本の地域情勢を大観させてみるのも意義深い。

［福永智史］

〔地理的分野〕
複数の事象を関連付けて考察する力

単元名▶**都市や工業の発展と自然環境**
（九州地方）

1 実践の概要 ⋯⋯⋯⋯⋯⋯⋯⋯⋯⋯⋯⋯⋯⋯⋯⋯⋯⋯⋯

(1) 資質・能力の概要

地理的分野における大単元「日本の諸地域」の学習については、「学習指導要領」に①自然環境、②人口や都市・村落、③産業、④交通や通信、⑤その他の事象を中核とした考察の仕方を基にすることとされている。ただし学習負担への配慮から、「地域の特色を端的に示す地理的な事象を選択し、それを中核として内容を構成すること」とし、その際「中核とした地理的な事象は、他の事象とも関わり合って成り立っていることに着目して、それらを有機的に関連付けることで動態的に取り扱うこと」を求めている。

この点を念頭に、単元「九州地方」の学習については、ある事象や事柄についての学習を、他の事象と有機的に関連付けて地域的特色を考察させることに留意する。例えば①の自然環境を中核に置くならば、他の視点（人口や都市・村落、産業など）についても、自然環境の視点と関連付けて九州地方の特色を追求させるための課題設定を行っていく必要がある。

(2) 単元目標

・九州地方の自然環境を中核として、その地域的特色や、そこで生ずる課題等を理解する。
（知識・技能）

・九州地方の自然環境を中核として、地域の広がりや地域内の結び付き、人々の対応などに着目して、他の事象やそこで生ずる課題と有機的に関連付けて多面的・多角的に考察し、表現する。
（思考・判断・表現）

・ある事象や事柄について、ほかの事象と有機的に関連付けながら九州地方の地域的特色を追求しようとする。
（主体的に学習に取り組む態度）

(3) 学習ロードマップ

K1	P1	R1
K2	P2	R2
K3	P3	R3

K1：九州地方の地域的特色と、そこで生ずる課題等を理解する。

P1：九州地方についての資料を正しく読み取る。

P2：資料から読み取った事実・事象について、その理由や背景について考察し、表現する。

K2：様々な資料を結びつけたり、他の地域と比較したりする活

動を通して、自然環境から見た九州地方の産業の特徴や国際性について考察し、表現する。

(4) 単元計画

第1時 九州地方の位置や自然環境を把握するとともに、自然環境が人々の生活や産業とどのように関係しているかについての関心を高め、地域的特色を追求する課題を設定する。

第2時 九州の温暖な気候と農業との関わりについて資料から読み取らせ、九州地方に暮らす人々の知恵や工夫について考察する（本時）。

第3時 九州地方の都市や工業の特色、アジアとの結びつきを、自然環境と結び付けて捉える。

第4時 沖縄のくらしや産業について、沖縄の自然環境を中心に歴史・文化と関連付けて捉える。

2 実践のポイント・・・・・・・・・・・・・・・・・・・・・・・・・・・・・・・・・・・・・・・

「日本の諸地域」の学習においては、日本をいくつかの地域に区分し、その地域的特色を学ぶが、その際に既習事項である「日本の地域的特色」との関連性に留意したい。

学習に当たっては、教科書等によって区分された地域の特色が強調されるため、生徒はそのような地域的特色を絶対的な視点で捉えてしまいがちである。例えば九州地方の学習において、「火山が多い」→「温泉が多い」ということを地図帳から読み取らせる場合、学習者はそれを単純に「九州の地域的特色」という知識として捉えてしまうということである。従って、それが「九州ならではの特色」なのか「日本全体に当てはまる特色」なのかと発問してみるなど、相対的な視点を持つことの大切さに気づかせることは重要であろう。

実際にICT機器を活用して温泉の源泉数が多い県を調べさせると、生徒は「1位が大分県であり、上位5県のうち3県（大分、鹿児島、熊本）が九州地方にある」ことを発見し、「温泉が多いという日本の地域的特色が、九州地方では他地域よりもはっきりと現れている」という知識を獲得できる。取り扱う内容の一部でもこうした経験をさせておくことは、生徒が考察の際に一面的な見方や考え方に陥ってしまうことを避けるための知恵となるであろう。

3 本時の展開（第2時）・・・・・・・・・・・・・・・・・・・・・・・・・・・・・・・・・・・

(1) 九州と東アジアの位置関係を、写真や図から読み取る

> 福岡から日本や東アジアの主要都市までの距離はどのくらいか。（K1）

・福岡を起点にすると、鹿児島とプサン、大阪とソウル、東京とシャンハイがほぼ等距離で

ある。

・九州地域は東アジアとの距離がとても近く、アジア各国から多くの外国人観光客が訪れている。そのためパンフレットや公共施設の案内表示などに多言語の表示が見られる。

(2) 地図帳や教科書の資料を基に、九州地方の工業の発展を地理的条件や自然環境と結びつけて捉える

> 九州地方の工業はどのように発展したのだろうか。（P1）

・東アジアとの距離の近さと、船の往来にとってめぐまれた博多湾の地形により、現在の福岡市は中国や朝鮮半島からの文化の受け入れ口として発展した。

・江戸時代から、九州北部では地層に含まれる多くの石炭の採掘が盛んであった。明治時代になり製鉄の必要性が高まると、筑豊炭田と、鉄鉱石の輸入先であった中国に近い現在の北九州市に官営の八幡製鉄所が設立された。これ以降鉄鋼業が発達し北九州工業地帯が形成された。

> 九州地方の工業が変化したのはなぜだろうか。（P2）

・鉄鉱石の輸入先が中国からオーストラリアに変わり、エネルギーが石炭から石油に転換したことで、北九州工業地帯の地位は低下した。

・第二次産業の大部分を占める製造業の製品出荷額を見ると、1960年代は金属工業中心であったものが、2000年代には半導体や自動車産業に代表される機械工業中心へと変化している。

・豊富な労働力、製品の輸出先としての中国への近さなどの理由により、自動車工場が多く進出してきたと考えられる。

・IC工場の進出も、同様に良質な水や空気、労働力や広い用地の確保の容易さなどの地理的条件と関わっている。これらの工場は、輸送に便利な高速道路のインターチェンジや空港の近くに立地している。

(3) 様々な資料を結びつけたり、他の地域と比較したりしながら、九州地方の自然環境から見た産業の特徴や国際性について考察する

> 自然災害や東アジアの国際情勢は、九州の産業にどんな影響を与えるだろうか。（K2）

・自然災害や日中関係、日韓関係等についての時事問題（ニュース）を参照し、それが九州の観光業や製造業に与える影響について、本単元の学習事項を活用しながら考察する。

・ICT機器を用い、自分たちが暮らしている地域について、海外とどのようなつながりがあるのか、海外から訪れる人のためにどのような配慮をしているのか等について調べ、九州地方との相違点や共通点をまとめる。

4 授業改善の視点……………………………………………………………

　本単元では、自然環境を中核として九州地方の産業（とくに工業）の特色を捉えることを目指した。そのため九州の産業の歴史的発展や現状について学習する際には、その背景にある九州の位置や自然環境を捉えることの大切さを気づかせることに留意した。こうした学びは、「世界のさまざまな地域」においてすでに経験していることもあって、生徒はスムーズに学習を進めることができた。

　一方で、本単元は東アジアとの結びつきなど、歴史的分野・公民的分野の学習と深く関わる内容が多いが、そうした他分野への意識付けについては改善の余地がある。授業者が、社会科のカリキュラムを見通したより広い視野から指導計画を立てることで、他分野にも応用できる見方・考え方を育んでいくことができると思われる。

　地図、写真、グラフなど資料活用については、「何についての情報か」「何が読み取れるか」「他の情報と結びつけるとどんなことが考えられるか」という段階を踏むことを意識して質問・発問を設定した。取り扱ったのは教科書に記載されている基本的な資料であり、単純な問答を端緒として必要な情報を読み取らせるよう心がけたが、生徒によっては段階が上がると行き詰まってしまう様子も見られた。生徒の現状に応じて扱う資料や発問のレベルを適切に設定しながら、主たる考察へと導いていくよう留意したい。

〔山内吹十〕

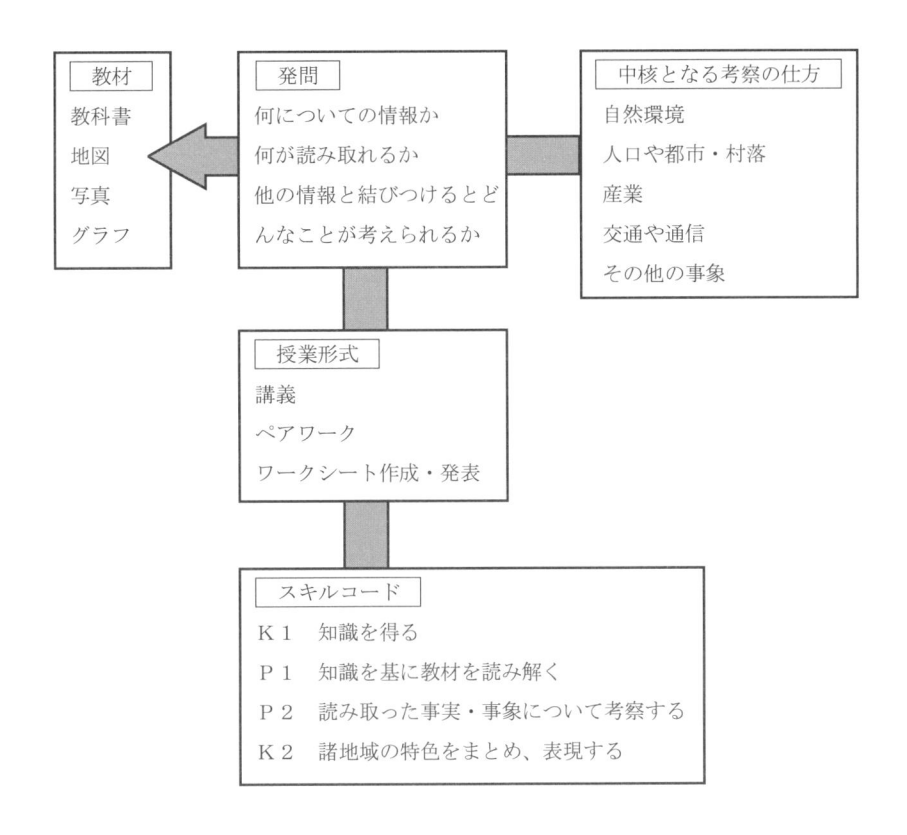

〔地理的分野〕
問題発見力、判断力

単元名▶観光客を呼び寄せる取り組み
（中国・四国地方）

1 実践の概要・・・・・・・・・・・・・・・・・・・・・・・・・・・・・・・・・・

(1) 資質・能力の概要

　地理的分野の学習の中では、地域の特色ある地理的事象を他の事情と関連付けて多面的・多角的に考察し、表現することを一つの目標と位置づけている。大単元「日本の諸地域」については、①自然環境」、②人口や都市・村落、③産業、④交通や通信、⑤その他の事象をそれぞれ中核とした考察の仕方を基にし、地域的特色や地域の課題を理解することが大切である。

　本実践では、中国・四国地方を取り上げ、交通網の整備による他地域との結びつきの変化や、過疎地域での取り組みに着目して、この地域の特色を追求していきたい。この小単元では、そこに暮らす人々の生活・文化、地域の伝統や歴史的な背景、地域の持続可能な社会づくりを踏まえた視点から、その地域の変化について理解されていくことを目指す。

(2) 単元目標

・他地域との結びつきに注目した視点から、中国・四国地方の地方的特色を的確に捉え、産業や生活の変化を理解することができる。地図や資料から、中国・四国地方の交通・通信網による結びつきを具体的にとらえることができる。　　　　　　　　　　　　（知識・技能）

・他地域との結びつきを、人や物の移動の量や方向から多面的・多角的に追究し、それにともなう中国・四国地方の産業の変容を、図表などを用いてわかりやすく表現することができる。　　　　　　　　　　　　　　　　　　　　　　　　　　　（思考・判断・表現）

・中国・四国地方の歴史や地形、他地域との結びつきに関心をもち、それを意欲的に追究しようとしている。　　　　　　　　　　　　　　　（主体的に学習に取り組む態度）

(3) 学習ロードマップ

K1	P1	R1
K2	P2	R2
K3	P3	R3

K1：中国山地や四国山地の山間部や瀬戸内海の離島の過疎化について理解できる。

P2：山陰地方では、どのような取り組みで新しい観光地が生まれたのか、資料・統計から調べる。

K2：高速道路の開通と空港の整備によって、観光客が増えたこ

とをグラフから読み取ることができる。

R2：世界遺産・伝統芸能、歴史的町なみ、漫画のキャラクターを利用した地域おこしを認識できる。

P3：過疎が進む中国・四国地方の持続的発展について、交通網の整備と観光業を中心に多面的・多角的に考察できる。

(4) 単元計画

第1時 中国・四国地方を概観し、自然環境や人々の生活の特色を理解する。

第2時 本州四国連絡橋や高速道路の整備による地域の人々の生活変化について考える。

第3時 海上交通の利点を生かした瀬戸内の工業の特色について考える。

第4時 他地域との結びつきを生かして全国展開を進めている瀬戸内や南四国の農業の特色について考える。

第5時 過疎化が進む山陰地方の、交通網の整備による変化について考える。（本時）

2 実践のポイント

　本単元では、中国・四国地方を、他地域との結びつきに注目し、それぞれの地理的事象について、その特色や変化やついて考えることをねらいとしている。日本海と太平洋に面し、瀬戸内海をはさんで向かい合う中国・四国地方ならでは気候の違いから、山陰・瀬戸内・南四国の3区分とれていることを「知識」として習得させる。さらに、高速道路・空港など交通網の整備、貿易の特色、そして、海外や他地域との競争の中で行われている地域の努力や工夫によって、全国展開を進めている農業の実態を読み取ることを経験させたい。

　小単元である本時（5回目）では、高速道路の整備や観光客を誘致する取り組みによって、山陰地方を訪れる観光客の数が増加していることを理解した上で、中国・四国地方の各地で、地域おこしの取り組みが行われている理由を考えさせることをねらいとしている。今までの山陰のイメージと主だった観光地の確認、山陰や南四国での人口減少による過疎化が進行していることを認識し、地域に応じた対策が重要なことを押さえたうえで、交通網の発達や観光客を呼び寄せる取り組みとしての地域おこしなど、それらの影響について理解し、捉える力が、本単元で目指す「知恵」である。

3 本時の展開（第5時）

(1) 山陰の観光地と問題点について知っていることを発表する

山間部や離島で進む過疎化　（K1）

・若い世代の都市部への転出。住民の高齢化や地元産業の衰退。農林水産業の人手不足。

・豊かな自然への魅力と地元の人との交流　→　暮らしやすい地域づくりの実現と地域の伝

統文化や慣習の継承。

文化財・史跡、伝統芸能、世界遺産などの観光・文化（P2）

・島根県東部の出雲大社、「神話の里」、西部の石見銀山、石見神楽
・島根県の津和野、松江、山口県の萩の城下町（武家屋敷・商家の保存）
・鳥取砂丘での農業技術が世界でも生かされている。例；らっきょう畑

(2) 島根県、鳥取県で観光客数が増加した理由について、交通網の発達・整備から気づかせる

高速道路の発達（K2）

・浜田自動車道（1991年開通）、米子自動車道（1992年開通）による山陰地方へのアクセスの向上。
・鳥取自動車道、松江自動車道の全線開通、中国自動車道との連結（2010年）。
・山陰自動車道の開通区間の延伸。鳥取西道路（鳥取西 IC － 青谷 IC 間）開通は、令和における最初の高速道路の延伸。

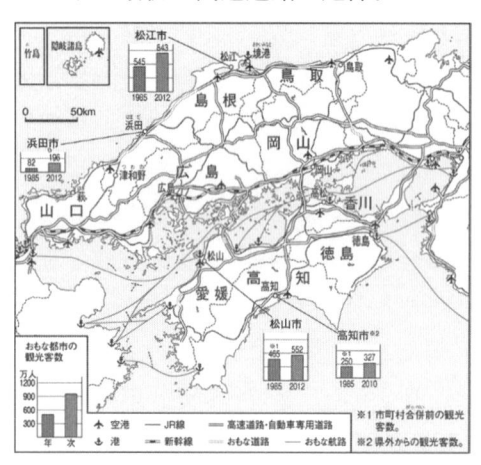
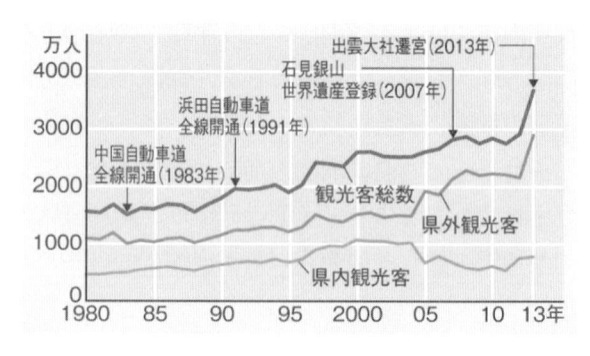

空港の整備（R2）

・米子空港：漫画「ゲゲゲの鬼太郎」の作者、水木しげるが現在の境港市で幼少期を過ごしたことにちなみ、愛称を米子鬼太郎空港（2010年）とする。
・出雲空港：縁結びの神様として知られる出雲大社にちなみ、愛称を出雲縁結び空港（2010年）とする。

(3) 山陰地方での、観光客を呼び寄せる地域おこしの取り組みとその影響について考察する

《地域おこし》

> 過疎が進む中国・四国地方で観光客が増えている理由を説明しよう。（P3）

○境港市の例

> ・駅から商店街へと整備された「水木しげるロード」。水木しげる記念館。
> ・盛んな漁業、新鮮な魚介類や水産加工品。（2017年度の水揚量は全国第5位）

○その他の例

> ・岡山県真庭市：バイオマスタウン（「バイオマス」が観光資源に）
> ・島根県海士町（隠岐諸島）：全国から移住者が集まる離島
> ・高知県馬路村：林業の町からゆずの村への華麗なる転身　　　　　等

4 授業改善の視点……………………………………………

　小単元である本時の内容は、他地域との結びつきに着目して、交通網の整備が進んだことで、過疎化が進む山陰地方ではどのような変化が生じてきたかを学習課題として、日本の諸地域の特色を捉える力を定着させようと試みた。生徒たちは、南北を結ぶ高速道路の開通や、各地に整備されそれぞれの愛称を持つ空港を利用し、山陰の観光地に県外から多くの観光客が訪れるようになったことを理解することができた。

　しかし、観光を中心とした地域活性化の取り組みや山陰地方の持続的発展という観点からの地域おこしの実態を適切に読み取るまでには、至らなかった。
「交通網の整備」「地域おこしの取り組み」という地理的事象をそれぞれ網羅的、並列的に扱うのではなく、あくまでも中核とした地理的事象を他の事象と有機的に関連付けて追究する学習活動が大切である。そのような諸地域の学習を通して、地理的な事象を多面的・多角的に考察し表現する力の育成を図っていきたい。加えて、人々の地域に対する思いや願いなどにも着目させたい。

[福永智史]

〔歴史的分野〕
本質的な知識力、情報処理力

単元名▶律令国家での暮らし①
～諸資料から歴史を読み取る～

1 実践の概要

(1) 資質・能力の概要

歴史は過去の人間の営みであるから、直接には認識できない。私たちは、実在の証拠となる資料（歴史資料を「史料」と呼ぶ）を媒介として歴史を認識する。このため、資料を収集・分類し、その価値を調べ検討（これを外的・内的な「史料批判」という）するとともに読解によって史実を探究することは、歴史研究において基本的かつ重要な技能であると位置付けられる。こうした歴史研究に求められる技能が、初歩的であるとはいえ、歴史的分野の学習を通じて育成される「公民としての資質・能力の基礎」の一つに挙げられている点に注目した。

すなわち、新しい中学校学習指導要領では、歴史的分野の学習を通じて育成される資質・能力のうち、「知識及び技能」に関わるねらいを、「我が国の歴史の大きな流れを、世界の歴史を背景に、各時代の特色を踏まえて理解するとともに、諸資料から歴史に関する様々な情報を効果的に調べまとめる技能を身に付けるようにする」と記している。

また、「(3) 内容の取扱い」にも、「調査や諸資料から歴史に関わる事象についての様々な情報を効果的に収集し、読み取り、まとめる技能を身に付ける学習を重視すること。その際、年表を活用した読み取りやまとめ、文献、図版などの多様な資料、地図などの活用を十分に行うこと」とある。

本単元では、「律令国家の成立と平城京」について系統的に学習したのち、身近な地域の歴史にも関わらせながら、社会的事象の歴史的な見方・考え方を働かせて諸資料から歴史に関する様々な情報を効果的に調べまとめる技能を養い、それによって「本質的な知識力」や「判断力」の育成することを目指したい。

(2) 単元目標

・奈良時代の土地制度や税制度について、諸資料からに関連する情報を効果的に調べまとめることができる。　　　　　　　　　　　　　　　　　　　　　　　　　　　（知識・技能）

・奈良時代の人々の暮らしについて、推移や比較、相互の関連や現代とのつながりなどに着目して多面的・多角的に考察したりすることができる。　　　　　　　（思考・判断・表現）

・諸資料から様々な情報を収集し、読み取る技能を活用し、奈良時代の社会像を主体的に追究しようとする。　　　　　　　　　　　　　　　　（主体的に学習に取り組む態度）

(3) 学習ロードマップ

K1	P1	R1
K2	P2	R2
K3	P3	R3

K1：奈良時代の貴族や民衆の暮らしがどのようなものであったかを、様々な資料から情報を集め、まとめる。

P1：班田制や調庸制、兵役など律令国家の民衆支配の特徴について考察し、まとめる。

K2：奈良時代の民衆の暮らしや地域社会のようすを様々な資料から読み取り、奈良時代の社会構造について考察し、発表する。

P2：中央集権国家としての律令国家による民衆支配が社会にどのような影響を及ぼしたのかを考察し、発表する。

R2：自分たちが生活する身近な地域のなかに律令制度の痕跡が残っていることを調べ、認識を深める。

(4) 単元計画

第1時　都城としての平城京の様子や、律令国家による民衆支配と土地政策の転換について、基本的な知識・理解を養う。

第2時　奈良時代の税制と民衆の負担について、教科書や資料集、ウェブサイトなどの様々な資料から情報を集め、考察する。（本時）

第3時　律令国家が敷設した官道（東山道武蔵路）の痕跡を地図から探り、調べたことをまとめて意見を述べ合う。

2 実践のポイント……………………………………………………

　奈良時代という過去に遡って社会の実態を探るにはどうすればよいのか、あるいは諸資料をどのように読むのか、という探究の視点や方法（社会的事象の歴史的な見方・考え方）を養い、律令国家の民衆支配についての概念的・本質的な知識を獲得し、判断力を養う。これが本単元で目指す「知恵」である。

　本時では、奈良時代の人々の暮らしの実像に迫るために、教科書や資料集に掲載された資料（史料や図版）を活用する。また、インターネットを通して、中学生が奈良時代の「生の」資料（第一次資料）に触れるようにしたい。さらに、地方の人々に課された特産物などに関する木簡を、奈良文化財研究所の木簡データーベース『木簡庫』を検索し、様々な情報を効果的に調べる方法を学ぶ。

　なお、使用する教科書は帝国書院『社会科　中学生の歴史』、資料集は東京法令出版『みつけよう？と！歴史資料　埼玉県版』である。

3 本時の展開(第2時)……………………………………………

(1) 律令国家の租税のうち、都に運ばれたものは何かを確認する (前時の復習)

律令国家（中央政府）の財源となった税の内容は何だろう。(K1)

・成人男性にかかる税は、調（特産物）や庸（布）などであった。
・調（特産物）や庸（布）などの税は、自分たちで都まで運ばなければならなかった。

特産物や布などは、どうやって都まで特産物や布を運んだのだろう。(P1)

・教科書のイラストには、特産物や布などを運んでいる農民の姿が描かれている。
・馬に乗った人物や、棒（ムチ）を持った人物が農民を急きたてている。これらは、地方の役人である国司であろう。
・車や馬車を利用しなかったのか。歩いて運搬するのは大変な苦労があったろう（馬に乗ることができるのは、駅鈴を持った役人だけであった）。

特産物や布を都まで運搬するには、どのくらい日数はかかったのだろう。(K2)

・教科書の図「都までかかる日数」を見る。関東地方から都まで特産物や布を運ぶには20日〜29日もかかったことがわかる。
・租税を都まで運ぶこと自体が農民たちには大きな負担だったのではないか。

(2) 平城宮跡出土木簡から、都に運搬された特産物を確認する

地方から都に運ばれた特産物には、どのようなものがあったのだろう。(K2)

・教科書の図「平城京跡から出土した木簡」を見る。これらの木簡は、地方から都に届けられた品物に付けられた荷札であった。荏胡麻（シソ科の一年草。種子から油をとる）や生蘇（牛乳を煮詰めた高級乳製品）が都に運ばれたことがわかる。
・教科書の図「平城京跡から出土した木簡」を観察し、短冊型の木材の上部と下部に切り込みがあり、紐を掛けやすくするための加工が施されていることに気付く。
・教科書のイラストで、農民が運ぶ荷物に「荷札」が付けられていることを確認する。

木簡によって、武蔵国（現在の埼玉県地域を含む）の特産物を確認しよう。(K2)

・奈良文化財研究所による木簡データーベース『木簡庫』により、全国の遺跡から出土した木簡の情報や画像を検索することができる。

・生徒はタブレット端末を利用して、武蔵国の特産物に関係する木簡を『木簡庫』で検索する。検索方法は、電子黒板でガイドする。①キーワード検索によって「武蔵国」、項目検索で「平城」を検索すると49件の情報がリストアップされる。そのうち、特産物に関わる荷札木簡は26件、付札木簡は１件である。②検索結果をクリックすると、木簡の画像や基本情報が表示される。

・検索の結果を確認し、発表する。武蔵国から都に届けられた物には、荳（くき、調味料の一種である塩辛納豆）、蒜（ひる、食用のユリ科の多年草）、塩、茜（アカネ科の多年草、草木染め用の染料）、蘇（乳製品）、蓮子（ハスの実、食用）、菱子（ヒシの実、食用）、鮒（フナ、背開きの鮒の干物か）があった。

・グループに分かれて武蔵国の特産物の特徴をまとめ、意見交換する。①塩のほかに海産物はない。②食用や生薬用、染料用の植物が多い。③加工品は食品のみ。都に運ぶため保存がきくものであろう。④乳製品である蘇の存在から、武蔵国では牛が飼育されていたと推測できる。⑤鮒や蓮子、菱子は沼や池から得られる。これらは、武蔵国には利根川や荒川などの大きな河川が流れており、見沼などの沼沢地が各地に点在したという自然環境と関係があるのではないか。

> 都に運ばれた武蔵国の特産物は、何に利用されたのだろうか。（P2）

・武蔵国から都に送られた荳や蒜、鮒は、天皇の食材となる「大贄」であった。

・教科書の写真「貴族の宴会のときの食事」を観察する。その中に蘇やハスの実などがあることに気付く。特産物の一部は、天皇や貴族の食事に用いられたことを確認する。

・資料集に掲載されている史料「運搬の苦しみ」（『続日本紀』所収の記事）を読む。諸国から都に調・庸を運搬した農民たちが、食べ物がなく、病気になっても助けてもらえず、故郷に帰ることできずに死んでいる者が多いと記されている。この史料をどのように解釈することができるかを考え、グループごとに発表する。

4 授業改善の視点··

　本単元では、全国から特産物や布などの税が都に運ばれたことから、中央集権国家としての律令国家の支配の特徴を考察し、判断力を養うよう努めた。また、資料から歴史に関わる情報を「収集し、読み取り、まとめる技能」の身につけさせる作業を重視した。

　教育ICTを活用する環境が整っていない場合は、木簡データーベースなどを活用して写真や図表を用意しておく必要がある。また、生徒の発達段階を考慮し、特産物について具体的なイメージをつかめるような資料（写真や図版）を掲示しなければならない。生徒が木簡に記された特産物について考察を加えるために、遺跡情報や木簡の記載に関する研究状況を確認するなど、教員の予備的作業は不可欠である。　　　　　　　　　　　　　　［尾上純一］

（右側・縦書き）
武蔵国男衾郡川面郷大贄一斗　背割鮒　天平十八年十一月

《『平城宮木簡』一―一四〇五》

〔歴史的分野〕
問題発見力、情報分析力

実施学年
1年

単元名▶律令国家での暮らし②
~諸資料から歴史を読み取る~

1 実践の概要

(1) 資質・能力の概要

　新しい中学校学習指導要領では、歴史的分野の学習を通じて育成される資質・能力のうち、「知識及び技能」に関わるねらいを、「我が国の歴史の大きな流れを、世界の歴史を背景に、各時代の特色を踏まえて理解するとともに、諸資料から歴史に関する様々な情報を効果的に調べまとめる技能を身に付けるようにする」と記している。

　『中学校学習指導要領（平成29年告示）解説・社会編』の説明によれば、下線部は「手段を考えて課題の解決に向けて必要な社会的事象に関する情報を収集する技能、収集した情報を社会的事象の歴史的な見方・考え方を働かせて読み取る技能、読み取った情報を課題の解決に向けてまとめる技能を意味している」のであり、「これらの情報は主に様々な資料を通して収集される」ことになる。

　資料から歴史に関わる情報を「収集し、読み取り、まとめる技能」は、歴史学者が修得すべき認知スキルの初歩的なものである。資料（根拠）にもとづいて論理的に考え・まとめることを通じて、社会的事象の歴史的な見方・考え方を鍛えるようにしたい。

(2) 単元目標

・奈良時代の土地制度や税制度について、諸資料からに関連する情報を効果的に調べまとめることができる。　　　　　　　　　　　　　　　　　　　　　　　　　　　　（知識・技能）

・奈良時代の人々の暮らしについて、推移や比較、相互の関連や現代とのつながりなどに着目して多面的・多角的に考察したりすることができる。　　　　　（思考・判断・表現）

・諸資料から様々な情報を収集し、読み取る技能を活用し、奈良時代の社会像を主体的に追究しようとする。　　　　　　　　　　　　　　　　　（主体的に学習に取り組む態度）

(3) 学習ロードマップ

K1	P1	R1
K2	P2	R2
K3	P3	R3

K1：奈良時代の貴族や民衆の暮らしがどのようなものであったかを、様々な資料から情報を集め、まとめる。

P1：班田制や調庸制、兵役など律令国家の民衆支配の特徴について考察し、まとめる。

K2：奈良時代の民衆の暮らしや地域社会のようすを様々な資料から読み取り、奈良時代の社会構造について考察し、発表する。

P2：中央集権国家としての律令国家による民衆支配が社会にどのような影響を及ぼしたのかを考察し、発表する。

R2：自分たちが生活する身近な地域のなかに律令制度の痕跡が残っていることを調べ、認識を深める。

(4) 単元計画

第1時 都城としての平城京の様子や、律令国家による民衆支配と土地政策の転換について、基本的な知識・理解を養う。

第2時 奈良時代の税制と民衆の負担について、教科書や資料集、ウェブサイトなどの様々な資料から情報を集め、考察する。

第3時 律令国家が敷設した官道（東山道武蔵路）の痕跡を地図から探り、調べたことをまとめて意見を述べ合う。（本時）

2 実践のポイント･･･

　律令国家が敷設した官道（駅路）である「東山道武蔵路」の調べるという作業を通して、社会的事象の歴史的な見方・考え方を養い、律令国家の民衆支配についての概念的・本質的な知識と獲得し、判断力を養う。これが本単元で目指す「知恵」である。

　本時では、奈良時代の人々の暮らしや社会構造の実像に迫るために、教科書や資料集に掲載された資料（史料や図版）を活用する。さらに、現在の埼玉県内を通っていた官道（駅路）である「東山道武蔵路」について、国土地理院が Web 公開している「地理院地図（電子国土 Web）」を利用して地図や空中写真から古代道路の痕跡を探す方法を紹介する。

　なお、使用する教科書は帝国書院『社会科　中学生の歴史』、資料集は東京法令出版『みつけよう？と！歴史資料　埼玉県版』である。

3 本時の展開（第3時）･････････････････････････････････

(1) 奈良時代の官道（駅路）について具体的なイメージをつかむ

> 奈良時代の官道（駅路）について資料から情報を収集し、考察しよう。（K1・P1）

・教科書や資料集から情報を集める。①教科書本文に「都と地方を結ぶ道路では馬が利用され、駅がおかれました」とある。②資料集の図「地方区分（五畿七道）」の説明には、「五畿七道は律令国家の地方区分です。七道では道ごとに都につながる官道が設けられ、諸国の国府もこの官道上に連ねられていました。これらの官道は現在の幹線国道のもとになっ

ています」とあり、「駅鈴」の説明として「官道の約16km
ごとに駅が設けられていました。駅には馬がおかれ、駅鈴を
持った役人が移動に利用しました」と記されている。

・電子黒板で、発掘された遺構として保存された官道（駅路）
の写真を示す。写真を見てわかることは何かを考え、意見を
交換する。①都と諸国（国府）を結び、重要な情報をいち早
く伝達するため直線道路が計画され、建設された。古代の
ローマや中国でも道路がつくられていた。②道路幅が現在の
道路よりも広い。発掘成果によると、官道（駅路）の道路幅
は９〜12mほどあり、場所によっては20mあったという。
律令国家は、権威を示すために幅の広い直線道路を建設した
のではないか。③道路の両脇に溝がある。水はけをよくする
など、道路を維持するための工夫がされている。雑徭など、
農民たちの負担によって道路は維持されていたのではないか。

東山道武蔵路跡（東京都文化
財情報データベースより）

> 武蔵国の農民たちは、どのようなルートを通って都まで特産物を運んだのか。（K2）

・資料集の図「地方区分（五畿七道）」を見る。武蔵国は、東海道に属し、官道は甲斐国〜
武蔵国〜下総国の国府が結ばれていた。
・実は、武蔵国は771年に東海道に編入された。それ以前は東山道に属し、上野国〜武蔵国
〜下野国の国府が結ばれていた。これを「東山道武蔵路」と呼ぶ。武蔵国の農民たちは、
東海道編入以前は、東山道武蔵路を通って都に向かったのであろう。

(2) 現在の埼玉県内を通っていた「東山道武蔵路」を地図や空中写真から探る

> 地図や航空写真から、所沢市域を通っていた東山道武蔵路を探してみよう。（P2）

・東京都国分寺市域にあった武蔵国府から北上した東山道武蔵路は、歴史学や考古学、歴史
地理学の研究によってルートの復原が進められている。地図や空中写真などの地理資料か
ら古代の官道（駅路）を復原する方法は、中学生にも取り組みやすい。
・地図による官道調査の起点を定める。埼玉県内で初めて「東山道武蔵路」が確認されたの
は、所沢市東の上遺跡である。所沢市立南陵中学校の校庭から幅約12メートルの道路跡が
検出された。この遺跡を北上すると、川越市域まで東山道武蔵路跡をたどることができる。
・生徒はタブレット端末を利用して、地図から東山道武蔵路の痕跡を探る。手順を電子黒板
で示し、調査方法を生徒に訓練させる。
・まず、所沢市内を調べる。①「地理院地図」で「埼玉県所沢市久米」を検索すると、南陵
中学校が確認できる。これを起点として、北北西に進む。②西武新宿線の新所沢駅の北、
松葉町あたりから直線道路が確認できる（地図中のＡ〜Ｂ）。この直線道路が東山道武蔵路

の痕跡であると認められる。③地図中のC〜Dは、現在の道路の西側（左側）に並行して狭い道路（細長い地割）がある。この細長い地割から現在の道路までが、かつての東山道武蔵路の道路幅ではないかと考えられている。

> 川越市域を通っていた東山道武蔵路を探してみよう。（R2）

東の上遺跡の遺構（所沢市教育委員会）

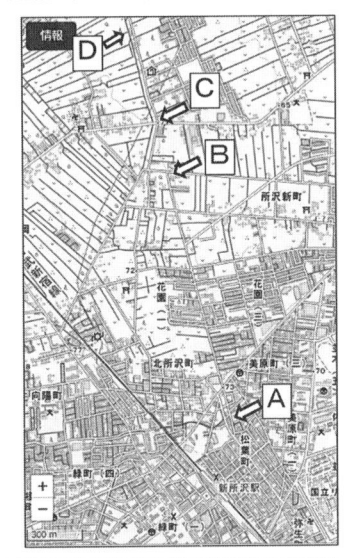

・JR 川越線の的場駅の北にある「おなぼり山公園」を地図で調べる。この公園の東側で12m 離れて並行する溝が発見され、東山道武蔵路の遺構と考えられている。①「地理院地図」で「おなぼり山公園」を検索する（地図中の➡）。②「地理院地図」の空中写真機能を使う。③「1984年〜1987年」の写真に、現在の道路とは異なる直線道路が南北に伸びていることを「発見」する（地図中の矢印⇨）。この直線道路は「1979年〜1983年」にも見える。④この直線道路を南下すると、「駅長」と記された墨書土器が発見された八幡前・若宮遺跡に至る。生徒は、写真で見つけた直線道路は、東山道武蔵路の遺構ではないかと推測する。

1984 年〜1987 年

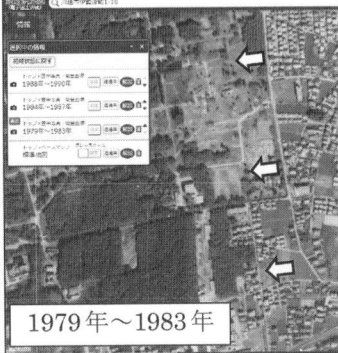

1979 年〜1983 年

4 授業改善の視点

　本単元では、生徒は身近な地域に奈良時代の人々が生きた痕跡を「発見」し、それを調査する方法を学び、中央集権国家としての律令国家の支配の特質を多角的・多面的に考察した。この手法は、古代の直線道路が発掘調査され、空中写真が撮影されている他の場所にも応用できる。歴史的事象の見方・考え方を育むため、日本の官道と古代のローマや中国の道、江戸時代の五街道を比較するのも有効である。　　　　　　　　　　　　［尾上純一］

育てる 資質・能力

〔歴史的分野〕
複数の立場から多面的・多角的に考察する力

実施学年
1年

単元名▶**全国に広がる下剋上**
~戦国大名と分国法~

1 実践の概要

(1) 資質・能力の概要

歴史は、現代に至るまでに生きた多くの人の考えや思惑が絡み合って成立している。それらの考えは、何もないところから突然に現れるものではなく、当然に当時の人々が知り得る出来事等を背景として生じたものである。歴史的な出来事について言葉のみを理解するのではなく、出来事の因果関係を通して見ることで歴史的なものの見方を養うことができる。いわば「歴史を点ではなく線で捉える」ということである。

本単元では、当時の時代背景、各地の戦国大名についての基本的な知識を確認しつつ、戦国大名らが敵対する勢力を退け、領国内の武士や民衆を安定的に支配するという課題をどのように解決していこうとしたのかを考察させる。また民衆や家臣の視点からも考えさせ、複数の立場から多面的・多角的に考察する力を養う。

(2) 単元目標

・各地のおもな戦国大名を把握する。　　　　　　　　　　　　　　　　　　（知識・技能）

・戦国大名らの分国法の史料の読み取り、それぞれの分国法における戦国大名のねらいを考察する。　　　　　　　　　　　　　　　　　　　　　　　　　　　　（思考・判断・表現）

・自分自身が戦国大名の立場に立ち、領国支配に大切なことは何かを考察し、理解することができる。　　　　　　　　　　　　　　　　　　（主体的に学習に取り組む態度）

(3) 学習ロードマップ

K1	P1	R1
K2	P2	R2
K3	P3	R3

K1：各地の主な戦国大名とその出身を確認する。戦国大名と守護大名の違いを理解する。

P1：戦国大名に求められた力を守護大名との違いからを考察する。

K2：戦国大名が制定した分国法の史料を読み、大名がどのように領国内を統制しようとしたのかを理解する。

P2：武田信玄の政策を確認し、領国支配にとって大切なことは何かを考察し、理解する。

(4) 単元計画

第1時 応仁の乱による室町幕府の権威失墜、守護大名の疲弊が世の中に下剋上の風潮を生み、各地に戦国大名が出現したことを理解する。

第2時 戦国大名が領国（分国）の支配者として台頭した結果、領国内の武士、農民を統制し、領国内の安定を図ることが急務となる。戦国大名の制定した分国法の史料を読み解き、どのような方法で安定を図ったのかを考察する。（本時）

2 実践のポイント

　戦国時代は戦国大名らが割拠し、約100年間にわたり争いを続けた時代であったことを踏まえ、戦国大名らが生き残りをかけ、どのような富国強兵策に取り組んでいったのかを考察させる。その上で戦国大名が制定した分国法から、彼らが領国を統治するうえでどのような考えを重視したのかを読み取らせる。また、室町時代に入り、武士や民衆の間で地縁的な結合が重視され、民衆が一揆を結び、権力に対して抵抗することがしばしば起こったことを踏まえ、戦国大名がそのような武士や民衆から信頼を得て、安定した統治をどう行ったのかを、戦国大名の立場に立って考察させる。そして、信頼を得るためには戦国大名だけではなく、家臣や民衆の立場に立って、物事を考える必要性があることを理解させる。

3 本時の展開（第2時）

(1) 戦国大名とはどのような存在か確認する

> 戦国大名に関する説明を教科書の文章中から抜き出す。（K1）

・室町幕府の支配からはなれて、領国と領国内の民衆全体を独自に支配し、また領国内の武士を家臣として従えた。

> 戦国大名と守護大名の違いを考察する。（P1）

・守護大名：室町幕府の命で守護に任じられた武士の中で力をつけた者。守護の権限を利用して国の支配を確立し、地元の武士などを従えた。
・違いとして挙げられること
　戦国大名は　①室町幕府の支配から独立していたこと。
　　　　　　　②出自は様々で、実力で領国内の武士や領民を従えたこと。

> 戦国大名と守護大名の違いを踏まえ戦国大名にどのような力が求められたか考察する。
> 　　　　　　　　　　　　　　　　　　　　　　　　　　　　　　　　　　　（P1）

・戦国大名に求められた力とは、権威よりも軍事力や経済力といった実力であり、また実力を高めることが領国内の安定や、他国からの圧力を退けることにつながった。

(2) 史料から、戦国大名の取り組みを理解する

> 戦国大名の分国法を読み、大名のねらいを読み取ろう。（K2）

○「朝倉隆景条々」より、一部要約・抜粋

> 本拠である朝倉館のほか、国の中に城をかまえさせてはならに、領地のある者はすべて一乗谷に移住し、村には代官くらいをおくべきである。（K2）

・命令の伝達・緊急時の対応の迅速化。
・有力家臣の統制強化、忠誠心の向上、裏切りの防止。

○「今川仮名目録」より、一部要約・抜粋

> 今川家の家臣が自分勝手に、他国より嫁や婿をとること、他国へ娘を嫁に出すことを今後は禁止する。（K2）

・他国への情報漏洩を防ぐ。
・内通者の出現・他国への寝返り防止。

○「甲州法度之次第」より、一部要約・抜粋

> けんかした者は、いかなる理由によるものでも、処罰する。（喧嘩両成敗）（K2）

・家臣同士の争いを防ぐ。
・家臣同士の争いも、戦国大名の采配に委ねさせ、統制力を強化する。

(3) 戦国大名の立場に立って領内の統治に大切なことは何かを考える

> 武田信玄は戦国大名の中でも人気が高く、その人気は地元山梨県で、現在でも根強く残る。武田信玄の実施した以下のⅠ～Ⅳの取り組みから、①武田信玄の人気が高いのは何故か、②領内の統治に大切なことは何か、の2点についてグループで考察し意見を発表する
> Ⅰ 喧嘩両成敗法　⇒　武士同士の土地をめぐる戦いを防ぐ
> Ⅱ 信玄堤の造成　　⇒　洪水の被害を防ぎ、民衆生活の安定を図る
> Ⅲ 金山などの鉱山開発　⇒　活躍した家臣への甲州金分配。貨幣制度も整える

Ⅳ 温泉などの福利厚生施設設置　⇒　家臣や鉱山衆といった人々も利用可能で好評

・室町時代は、人々の間で地縁的結合が強まり、各地で自治的な支配体制が敷かれていた。そのような強い独立心と強固な横のつながりを持つ民衆や武士を、戦国大名が統治するためには単純な武力だけでは難しく、ある程度の自治を認めることや、家臣や民衆からの要求に対応するという努力が必要であった。分国法からは、言うことを聞かない家臣や民衆らを統制するために努力する戦国大名らの苦悩が見て取れる。

4 授業改善の視点……………………………………………………

　本単元では、分国法などの史料を通して、当時の人々の考えを読み取り、当時の人々の立場にたって考えることを重視した授業内容となっている。史料の読み取りにおいては、武士や民衆など様々な視点から読み取ることで、お互いがうまく付き合うためにはどのようなことが大切になるのかを気付かせたい。読み取りが苦手だと感じている生徒も多いため、史料はわかりやすく現代語訳されたものを準備したが、時間があれば、現代語訳されていない史料を準備し、読ませてみるのもよいと感じた。また、今回はグループに分かれて考える活動は、最終的な発表の部分でしか行わなかったが、分国法の読み取りの段階からグループ活動にしていくほうがさらに活発な授業になったと考えられる。

〔後藤武司〕

〔歴史的分野〕
本質的な知識力、情報分析力

実施学年
1年

単元名▶**イスラムの拡大とヨーロッパ**
～ヨーロッパの近代～

1 実践の概要………………………………………………………

(1) 資質・能力の概要

　中学校社会の歴史的分野のうち世界史に関する単元では、細かい事件や人名にこだわることなく、イスラムやヨーロッパという大枠で地域をとらえ、時代ごとのその地域の特質を明らかにすることが目標である。歴史学習は、単に年号や人名・事件名を暗記するのではなく、各事象の背景や因果関係を考察することで、その歴史的意義を見出すことが大切である。一口に過去の事象とは言っても、地域や時代を超えて価値観が変化することも多くあり、歴史学習ではそのことを念頭に置かなくてはならない。本単元は、ヨーロッパ世界が既存の中世的価値観から脱却を遂げ、近代の起点となる過渡期である。具体的には、①伝統的なカトリック世界観から新しいキリスト教の解釈を提示したルターの宗教改革、②芸術的な面でキリスト教世界から人間中心主義へと転回を果たしたルネサンス、③キリスト教的な世界観に疑問を呈し、科学的知見をもとに大海原に漕ぎ出した大航海時代の３つの事象に焦点を当てる。ここでは、人名・事件といった細かい知識を前提に、カトリック世界とは何だったか、そしてそこから生まれた新しい世界観とはどんなものかという歴史の「概念」の構築を目指す。

(2) 単元目標

・宗教改革、ルネサンス、大航海時代の基本的な事象を理解する。　　　　　（知識・技能）

・史料を読み、記されている内容とともに時代背景を具体的に考察する。

（思考・判断・表現）

・上の考察を通じ、中世と近代（近世）という時代の違いを理解する。また、大航海時代においては、ヨーロッパ世界の拡大により、それまでの個別的な各地域が政治・経済的に結合され、真の意味での「世界史」が始まったことを考察する。

（主体的に学習に取り組む態度）

(3) 学習ロードマップ

　　　　　　　　K1：宗教改革・ルネサンス・大航海時代の基本的な知識を理解する。

K1	P1	R1
K2	P2	R2
K3	P3	R3

P1：宗教改革・ルネサンス・大航海時代の史料を読み取る。

P2：史料から新しい時代の特徴を考察させる。

K2：考察をもとに、時代の特徴を確認する。

P3：史料から読み取った新たな世界はそれまでのカトリック世界からどう変わったのか考えさせる。

R2：大航海時代において、ヨーロッパ世界が他地域を自らの政治・経済システムに組み込み、結果として世界がそのような意味での一体化したことに気づく。

(4) 単元計画

第1時 ルネサンス・宗教改革について基本的知識を踏まえ、中世から近世への時代の変化、新時代の到来を理解させる。（本時）

第2時 大航海時代について人物の業績を踏まえつつ、世界の一体化が果たされたことを理解させる。

2 実践のポイント……………………………………………

　前述の通り、単に年号や人名・事件名を暗記するのではなく、各事象の背景や因果関係を考察することで、その歴史的意義を見出すことが歴史学習の本質である。いわば教科書の太字の人名や事件名はその手段としての「知識」に過ぎない。この「知識」を用い、思考や考察、議論などの経験過程を経て、それは「知恵」となる。「知恵」とは概念であり、事象の全体を正しく認識・把握されたものあるいはその過程である。知識が思考というフィルターを通ることで初めて認識・把握され、概念化される。歴史学習における概念化は、まさに諸事象の因果関係や歴史的意義を明らかにすることであり、歴史上の真理にたどり着くという学問の本質そのものである。

　歴史において、知識の概念化に必要なことは史料の読解・分析により前提知識を充実させていくことに尽きる。与えられた情報が多ければ多いほど真理への道筋は確かなものとなる。しかし、中学校の授業案として、学習者の発達段階に応じ、歴史の本質・面白さに触れつつ、過度に内容が高度にならないものを選んだ。

3 本時の展開（第1時）……………………………………

(1) ルネサンス

> 「ルネサンス」とは「再生」という意味だが、何を「再生」したのだろうか。(P2)

・古代ギリシアや古代ローマの美術作品とルネサンス期の美術作品の類似点を見つける。裸を表現したり、「人間」を描いたりしている点で共通している。つまり、古典古代の文化

の「再生」であった。

(2) 宗教改革

> 宗教改革について基本的知識を確認しよう。（P1）

・当時のドイツではローマ教皇が、免罪符（贖宥状）を販売した。
・免罪符（贖宥状）を購入すれば、罪が赦される。つまり天国に行ける。
・ヴィッテンベルク大学神学部教授であったマルティン・ルターはそれに異議を唱えた。

> 宗教改革について以下の史料を読み取ろう。（P3）

○ルター「95か条の論題」（抜粋）

> （1）私たちの主であり、また教師であるイエス・キリストが「悔い改めのサクラメント（秘蹟）を受けよ」と宣したとき、イエス・キリストは信じる者たちの生涯のすべてが悔い改めであることを願った。
>
> （6）教皇は、神によって罪が赦されたと宣言すること、あるいはそれを承認すること以外には、どのような罪も赦すことはできない（後略）。
>
> （21）それゆえ、教皇の贖宥によって人間はすべての罰から解放され、救われる、と説明する贖宥の説教者は誤っている。
>
> （27）お金が箱の中に投げ入れられ、そのお金がチャリンと音を立てるや否や、魂が飛び立つ（とともに煉獄を去る）と教える人たちは、（神の教えではなく）人間的な教えを宣べ伝えている。
>
> （出典：ルター・深井智朗『宗教改革三大文書』2017年、講談社学術文庫）

○何が問題なのか。
・免罪符（贖宥状）を販売すること自体が本質的な問題ではない。本来、罪を赦すことができるのは神だけである。教皇は神ではないから金銭の授受いかんにかかわらず、罪を赦す行為自体が問題である（（6）より）。
・中世以来、人々は罪を赦してもらうために何をしてきたか。それは一にも二にも信仰である。信者一人ひとりが聖書をよりどころにして救済を信じてひたすらに祈ることが大事であり、それを妨げるようなカトリック教会はその存在意義を疑う。

(3) 時代の変化を感じる

> ルネサンスと宗教改革から、それまで中世と近代（近世）の違いを考えてみよう。（R2）

○考察（想定される意見）

・中世に比べて近代（近世）では人々が自身の生活を能動的に謳歌することができるような前向き・華やかなイメージがある。

・中世ではキリスト教（カトリック）が信仰を中心として人々の生活の隅々にまで影響を及ぼしていたが、近世（近代）では人々はキリスト教（カトリック）の影響下を離れ、自身の判断で信仰できるようになったのではないか。

○コメント

・実際のところ、中世の暗いイメージが近代になって明るくなったという旧来のルネサンス感を強調しすぎるのは好ましくない。しかし、芸術作品などを通じ、人々の意識や生活の中で変化が生じたこと、それが時代・歴史の変化であることを感じてほしい。

・宗教改革も、直ちに個人の信仰の自由に結びついたわけではないが、これも当時支配的であったカトリック教会の在り方に疑問を呈し、それが教会・帝国全てを巻き込んだ騒動に発展したことは後の歴史に大きな影響を与えた。詳しくは高等学校の世界史で学習するので、そこまで深入りはしない。

4 授業改善の視点⋯⋯⋯⋯⋯⋯⋯⋯⋯⋯⋯⋯⋯⋯⋯⋯⋯⋯⋯⋯

　本単元では宗教改革・ルネサンス・大航海時代というともすればバラバラな知識の集積に終始してしまいがちな内容を、中世世界からの転換、カトリックの権威からの脱却というテーマでくくり、歴史の大まかな流れ実感させることに主眼を置いた。前述のように、ルネサンス期の個別具体的な作品名や宗教改革前後の一連の騒動などは高等学校の世界史で詳しく学ぶ。ここでは、近世（近代）という時代はどのような時代だったのか、という「知恵」を議論・考察という思考を通して浮き上がらせた。大航海時代を一つのテーマで次回に学習するように設定したが、場合によっては宗教改革と大航海時代の2つを1つの授業で展開すれば、よりダイナミズムを感じることができるかもしれない。なお、世界史の分野の史料で邦訳されているものが少ないが、『世界史史料』（1～12巻、岩波書店）を参考にすることをお勧めしたい。

　　　　　　　　　　　　　　　　　　　　　　　　　　　　　　　［田中晋平］

〔歴史的分野〕
問題発見力、情報処理力

単元名▶ **産業革命と資本主義の成立**
　　　　～産業革命を題材に今を考える～

1 実践の概要……………………………………………………………

(1) 資質・能力の概要

　「産業革命」の時代は、「工業中心に社会に大きく変化した輝かしい時代である」とされる反面、「公害問題や労働問題など、新たな社会問題が発生した時代でもある」という負の側面も持つ。工業化によって発生した種々の問題と、SDGsとを結びつければ、歴史から問題解決のヒントを学び、自分達が生きていく世界を変えていく力を身につけられると考える。

(2) 本時の目標

・前回までの授業で扱った産業革命の基礎知識を再確認する。　　　　　　　（知識・技能）

・産業革命を支えた当時のイギリスの状況を学ぶとともに、もたらした負の遺産とその原因を考える。　　　　　　　　　　　　　　　　　　　　　　　　　　（思考・判断・表現）

・学習内容を活用して、SDGsのどのテーマと関連させ、現在の世界が抱える問題の解決策を主体的に追究し、自分の考えを説明する。　　　　　（主体的に学習に取り組む態度）

(3) 学習ロードマップ

K1	P1	R1
K2	P2	R2
K3	P3	R3

K1：産業革命の基礎知識を理解する。

P1：表やグラフを読み取り、得た情報を発表する。

K2：教科書を活用して、P1が発生した理由を考える。

P2：産業革命に関する客観的データを表す資料と産業革命の弊害を表す資料を分ける。

K3：産業革命がもたらした負の遺産をまとめる。

P3：資料④⑥⑦からP1の結果となった原因を考える。

R1：SDGsと関連させ、歴史上の問題と現在の社会問題が共通していることに気が付く。

R3：R1を踏まえて、これらの諸問題の解決手段を考えて発表する。

(4) 単元計画

第1時　産業革命の基礎知識を学ぶ。

第2時　産業革命がもたらした、負の遺産に着目して現在の社会が抱える諸問題を指摘し、

解決方法について意見交換を行う。（本時）

2 実践のポイント……………………………………………

　参考資料は次節の①～⑦を活用する。①～③は2007年度の千葉大学の入試問題が出典である。中学生でも資料の意図が読み取れるほど平易で分かりやすいため本資料を活用した。④以下の研究データや絵画資料は、インターネットが出典である。客観的な数値や情報をもとにして産業革命が発生していた当時のイギリス社会を想像させ、補完するとともに、自分達の同年代の少年が酷使されていることを見ることで、歴史を体感しやすくなると考える。

3 本時の展開（第2時）……………………………………

(1) 資料の読み取り

> 表やグラフを読み取り、気づいたことを発表しよう。また、その理由を考えよう。
>
> （P1・K2）

資料①：イギリスの主要都市人口の推移　1750-1850（単位：千人）

都市名	1750頃	1800	1850
エディンバラ	57	83	202
グラスゴー	24	77	357
バーミンガム	24	74	233
マンチェスター	18	90	303
リヴァプール	22	80	376
ロンドン	675	1117	2685

（生徒の意見）
・どの都市も半世紀ごとに人口が増加している。
・ロンドンの人口増加数が突出している。
・1750年頃のマンチェスターの人口がとても少ない。

出典：B.R.Mitchell(ed.), *European Historical Statistics* （Columbia University Press）

資料②：大地主による農地の買い込み件数

年	件数
1780-89	246
1790-99	469
1800-09	847
1810-19	853
1820-29	205

（生徒の意見）
・1800年に入ってから突然増加している。
・反対に1820年頃からは大幅に減っている。

出典：村岡健次・木畑洋一編

資料③：農業従事者数の推移（単位：％）

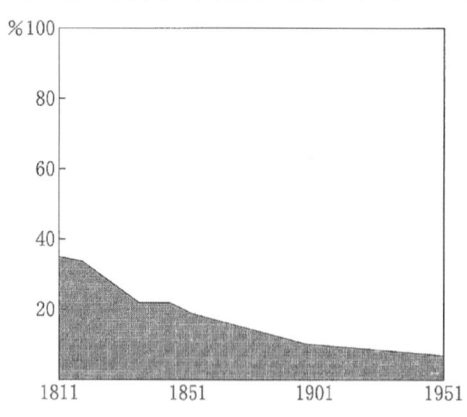

（生徒の意見）

・もともとそれほど多くなかった農業従事者数が少しずつ減少している。

・資料①〜③は人口移動という点でつながると思う。

出典：E.J.Hobsbawm, *Industry and Impire*（Penguim Books）

資料④：大英帝国時代の職業別賃金（縦軸の単位：ポンド）

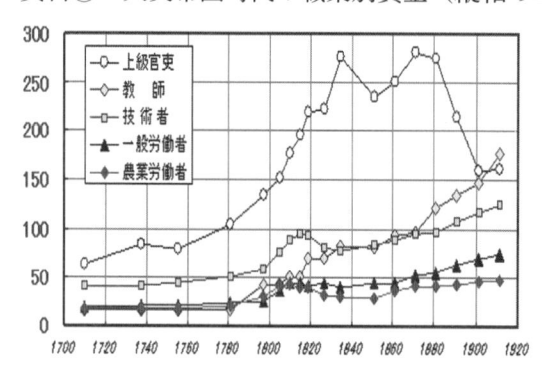

（生徒の意見）

・18世紀初頭から半ばまではあまり変動が、1780年頃から少しずつ変化が出始めている。

・労働者の賃金はずっと低いまま。

出典："Nominal Annual Earnings for various Occupations in England and Scotland", Data by Jeffrey G. Williamson（1982）

資料⑤：当時のテムズ川の風刺画（帝国書院『社会科 中学生の歴史』143頁）

※本校の生徒はイギリス英語研修でテムズ川を実際に目にしているので、その経験を生かす

資料⑦：ジン横丁とビール横丁

資料⑥：労働環境

（2）初見資料のグループ分け

産業革命の弊害について考えよう。（P2・K3）

資料の伝える特性とSDGsを関連させる。資料⑤はSDGs「目標6」の環境問題と結びつく。石炭について考えさせることは、「目標7」につながる。資料④・⑥の結果として、発生した資料⑦では経済格差と治安の悪化を示しており、「目標3」と結びつけることができる。

(3) 資料の出来事が起こった原因を考察する

> 資料⑤の原因は何か。（P3・R1）

・環境のことを考えずに生産をしたから。　　　・上下水道が完備されていなかったから。
・資本家が利益を上げることだけを考えていたから。

> 資料⑥の原因は何か。（P3・R1）

・資本家が安い労働力を欲していたから、立場の弱い少年や女性が酷使された。
・資料④と組み合わせると、資本家の利益追求のため低賃金で働かせたかったから。

> 資料⑦の原因は何か。（P3・R1）

・貧しい人々の暮らしとそうでない人々の生活の場が異なっていたから。

(4) もし自分が産業革命時代のイギリスの政治家だったら、どのような政策を立てて当時の諸問題を解決していくかをまとめて、発表する

・労働者を保護する法律を作る必要があると思う。少年に限らず、長時間労働を制限させるようにしなければならない。
・環境汚染をする企業に対して、税金を課し環境改善の費用に活用する。また資本家も環境問題に関心を持つようになると思う。
・現在の世界で先進国では上下水道が完備されているところが多いが、発展途上国はそうではない。日本などがお金を援助して、このような国に上下水道を作ってあげれば、安全な水を世界の人々に提供することができる。

4 授業改善の視点……………………………………………………

　本単元では、産業革命の負の側面から、「問題発見力、思考力を駆使して解決方法を見つけ出す」レベルまで生徒を導くことをめざした。生徒が持つ知識と初見の資料から得られる情報を組み合わせ、思考を促すことができたと考える。改善点は、「産業革命の基本的知識」を確実に身につけること。そうでないと、生徒は環境汚染や労働問題の原因がわからない。また授業構成の段階で、何回目の授業でどんな仕掛けを用意し、回収していくかなど、単元全体を見通して授業の構成を考える必要がある。本授業では、歴史上の諸問題とSDGsを関連させる試みができた。次回は産業革命期と現在の環境問題や労働問題を比較して、深く考えさせたい。歴史学習から資料の読み方やものの見方、情報活用術を身に付けるとともに、「歴史に学び」ながら、社会をよりよく変えていく公民的資質を養いたい。［後藤健介］

育てる資質・能力

〔歴史的分野〕
複数の立場から多面的・多角的に考察する力

実施学年
2年

単元名▶ **黒船来航の衝撃と開国**
〜国同士の交渉の背景を考察する〜

1 実践の概要

(1) 資質・能力の概要

歴史は、現代に至るまでに生きた多くの人の考えや思惑が絡み合って成立している。それらの考えは、何もないところから突然に現れるものではなく、当然に当時の人々が知り得る出来事等を背景として生じたものである。歴史的な出来事について言葉のみを理解するのではなく、出来事の因果関係を通して見ることで歴史的なものの見方・考え方を養うことができる。いわゆる、「歴史を点ではなく線で捉える」ということである。

本単元では、「ある国が抱えている課題」を原因、「その課題解決のための手段」を結果と捉え、両者の関係を考察する。国家間の利害が衝突する局面では、武力衝突を引き起こす場合もあれば、交渉によって平和的な合意に至る場合もある。本単元で扱う開国は、アメリカ合衆国（以下、アメリカまたは米国）をはじめとする欧米諸国との条約締結によってもたらされた。ここでは、それぞれ課題を抱えた日本とアメリカ合衆国の国際交渉を事例として、双方の立場を多面的・多角的に考察する力を身に付けることをねらいとする。その上で、現代の社会における国際的な話し合いの存在と必要性にも気付かせたい。

(2) 単元目標

・幕末における日本とアメリカの動向を適切に理解する。　　　　　　　　　（知識・技能）

・史料の読み取りを通じて、当時の日米両国が抱える課題を把握し、それぞれの立場や主張を踏まえて、国同士の交渉に至る過程を公正に判断し、説明する。（思考・判断・表現）

・幕末における日米の国交樹立に至る交渉過程を活用し、現代の国際政治の課題を主体的に追究、解決しようとする。　　　　　　　　　　（主体的に学習に取り組む態度）

(3) 学習ロードマップ

K1	P1	R1
K2	P2	R2
K3	P3	R3

K1：鎖国から開国に至る歴史的な流れを理解する。

P1：ペリー来航前後の日米双方の史料を読み取る。

P2：史料から、アメリカが日本に開国を要求する理由、または日本が開国を選んだ理由を考察する。

K2：国同士の交渉は、それぞれの国の抱える事情を背景として

行われることを理解する。

K3：こうした交渉は、過去の出来事としてだけではなく、現代の社会でも行われていることに気付く。

R2：現代の国際政治における政策決定を、資料に基づいて考察する。

(4) 単元計画

第1時 産業革命を達成した欧米諸国の対外進出の波が日本にまで至るという、ペリー来航の前提となる情勢を理解する。

第2時 日本の開国が第1時から繋がる出来事であることを踏まえつつ、それに関わる日米双方の立場から、政治的な決定過程について考察する。（本時）

第3時 「お互いの立場を考察する」ことをテーマに置いて、現代の諸外国間の国際交渉の決定過程について具体的な例に触れて考察する。

2 実践のポイント

　中学校社会における歴史的分野の学習は、日本の通史を「主」、日本に関わりのある諸外国の歴史を「従」として展開していく。近世までの歴史がほとんど日本と中国・朝鮮半島との関係で展開していくため、「ある出来事の背景にある複雑な国際関係」を踏まえず、「大陸の動きに日本がどのように対応したのか」という日本からの視点が強調されてしまいがちである。生徒自身にも、日本と外国の関係を日本中心に見る癖がついてしまう。しかし、当然のことながら相手国との間には利害関係が存在し、交渉では双方の利害がせめぎ合う中で、妥協点を見いだすほかない。こうした外交交渉が現代にも通ずるものであることに気付き、国際政治の過程をそのように捉える力が、本単元で目指す「知恵」である。

　用意した史料は、中学生が全てを理解するには難しいものであるが、敢えて現代語訳を併記しなかった。未知のものから有益な情報を探し出す能力を養うことを目的としたからである。また、黒船来航に関して学習が進んでいる生徒にとっても、自分が知っている知識の根拠を史料から読み取る学習として取り組むことができる。なお、史料は『詳説日本史史料集』（山川出版社）から引用した。

3 本時の展開（第2時）

(1) 当時の日本・アメリカの置かれた状況を挙げる

> ペリーが来航する直前までの日本国内や近隣国ではどのようなことが起きていたか。
>
> (K1)

・大塩平八郎の乱など、政治への不満が高まっていた。

・江戸幕府は、繰り返し改革を行って社会を安定させようとしていた。

・異国船打払令を出していたが、清がイギリスに負けたことを受け、方針を変えた。

> ペリーが日本に開国を要求するまでのアメリカではどのようなことが起きていたか。(K1)

・イギリスと同様に、産業革命を達成した。

・アメリカはヨーロッパ列強と比べて建国が遅いので、アジア進出が遅れていた。

(2) 史料から、それぞれの政策決定の根拠を読み取る

> 日本側の史料から、当時の人びとが考えていたことを読み取ろう。(P1)

○「経世秘策」(本田利明、1798年) にみる外国貿易論

> 　日本は海国なれば、渡海・運送・交易は、固より国君の天職最第一の国務なれば、万国へ船舶を遣りて、国用の要用たる産物、及び金銀銅を抜き取て日本へ入れ、国力を厚くすべきは海国具足の仕方なり。自国の力を以て治る計りにては、国力次第に弱り、其弱り皆農民に当り、農民連年耗減するは自然の勢ひなり。

○「戊戌夢物語」(高野長英、1838年) にみる鎖国批判

・日本は島国なので、外国と交易をする方がよい。

・外国に船を行かせ、国の役に立つものを手に入れるのがよい。

・漂流船を打ち払えば、日本は憐れみのない国と思われてしまう。

> アメリカ側の史料から、アメリカが日本に要求した内容を読み取ろう。(P1)

○フィルモア大統領の国書 (1853年、ペリーが江戸幕府に渡す)

> (…) 合衆国の舶毎年カリフォルニアより中国に航するもの甚だ多し。又鯨猟の為め、合衆国人海岸に近づくもの少なからず。而して若し颶風あるときハ、貴国の近海にて往々破船に逢ふことあり。若し是等の難に遇ふに方っては、貴国に於て其難民を撫卹し、其財物を保護し、以て本国より一舶を送り、難民を救ひ取るを待たんことを、是予が切に請ふ所なり。
> (…) 蓋日本国に石炭甚だ多く、又食料多きことは、予が曾てて聞知れる所なり。我国用ふる所の蒸気船は、其大洋を航するに当て、石炭を費すこと甚だ多し、而して其石炭をアメリカより搬運せんとすれば、其不便知るべし。是を以て予願はくは、我国の蒸気舶及び其他の諸舶、石炭食料及び水を得んが為に、日本に入ることを許されんことを請ふ。

・中国との交易や捕鯨（鯨猟）のための船が難破した際、難民を助けてほしい。

・石炭・食料・水を補給するために日本の港に寄りたい。

(3) 日米両国が国交樹立に向けた交渉に至る背景を考察する

> なぜアメリカは日本に開国を求める必要があったのか。なぜ日本はアメリカの求めに応じる必要があったのか。（P2）

・アメリカは、中国との交易・捕鯨のための船の難民救助や、燃料・食料の補給地として日本に開国を要求する必要があった。

・日本は、清の敗北や国内の鎖国批判の高まりを受けて、アメリカとの交渉に応じる必要があった。

＊上記の内容が、アメリカと日本の交渉の背景となる。日本国内には開国論だけではなく、幕府の外交姿勢に反対する攘夷論も存在したことに触れ、幕府は国内の両論とアメリカの圧力の狭間で選択を求められる立場であったことを確認する。

＊この後、「もしアメリカ船の補給地が他にあったら」「もし日本が欧米列強よりも強大な海軍を所持していたら」といった想定を問い、国が課題を抱えているからこそ、その解決のために交渉が行われるという発想に導いていく。次の時間には、開国の結果に触れ、交渉の結果が必ずしもお互いの利益を最大化するものにならないことを現代社会と関連付けながら展開していく。

4 授業改善の視点······································

　本単元では、日本とアメリカの置かれた状況を踏まえた上で史料を読み取ることで、自分の持っている知識を使って、未知の情報から必要な知識を得る力を身に付けさせようとした。読み取った情報から、国同士の交渉は課題を解決するために行われることを学び、過去だけでなく現代にも通ずる例を通して、外交交渉の過程を捉える力を知恵として定着させようと試みた。

　今回は教師が史料を用意をしたが、生徒に探索させる方法も考えられる。その際、教科書に掲載されているものをそのまま探すのではなく、「中国との交易」「捕鯨」をキーワードに、アメリカの要求の背景となる欧米列強の中国進出や産業革命による鯨油需要の高まりなどのテーマを設定すると生徒も探索しやすいだろう。

　なお、第3時で扱う現代の事例としては、アメリカによる捕鯨の目的が鯨油の獲得であったことと関連づけ、エネルギー問題として現代アメリカのシェールオイル・シェールガス開発と自国の利益の確保のためのパリ協定離脱の選択などが想定される。

〔小島朋輝〕

育てる 資質・能力

〔歴史的分野〕
本質的な知識力、情報処理力

単元名▶**新たな外交と国境の画定**
〜史料から歴史的背景を考察する〜

1 実践の概要……………………………………………………

(1) 資質・能力の概要

　歴史は、過去の事象について史料を通じて明らかにし、それらの因果関係を探り、その意味を解明する学問である。今日語られている歴史は、こうした過去の研究の積み重ねにより明らかにされてきたものである。しかし、現時点で語られている歴史が、必ずしも正しいものであるとは限らない。新しい史料の発見、埋もれていた史実の解明、異なる見方や解釈により、これまで常識となっていた定説が大きく書き換えられるということも珍しくない。

　では、なぜそのような不確定要素を多く含む歴史を学ぶ必要があるのか。それは、「歴史を学ぶ」ことに加え、「歴史から学ぶ」べきことが数多く存在するからである。この「学ぶべきこと」とは、何も学術的内容に限ったものではなく、歴史学習を通じて得ることの出来る資質も含まれるであろう。その一つに、複数の立場を多面的・多角的に捉え、考察する能力が挙げられる。本単元では、日清修好条規および日朝修好条規という二つの史料を扱う。歴史的事象を踏まえた上で、両者の相違点を見つけるとともに、その歴史的背景を考察していくことで、上述の能力の育成を目指す。

(2) 単元目標

・岩倉使節団の視察がどのような意義をもつものか適切に理解し、その後の政策にどのような影響を与えたか考察する。　　　　　　　　　　　　　　　　　　　　（知識・技能）

・史料の読み取りを通し、当時の日本がすすめた外交政策がどのような方針に基づいていたかを把握し、その政治的背景を説明する。　　　　　　　　　　（思考・判断・表現）

・国境の画定は当時の日本にどのような影響を与えたか、また現代の国際政治にどのような課題を与えているか、主体的に追究、解決しようとする。（主体的に学習に取り組む態度）

(3) 学習ロードマップ

K1	P1	R1
K2	P2	R2
K3	P3	R3

K1：岩倉使節団の目的や成果を理解する。

P1：日清修好条規、日朝修好条規の条文を読み取る。

P2：史料から、双方の相違点をみつけ、歴史的背景を考察する。

K2：岩倉使節団の視察が日本の外交政策へ与えた影響を理解する。

K3：当時の国境の画定が、現代にまで大きな影響を与えている
ことに気づく。

R2：日本の抱える領土問題について、なぜそのような問題へと
発展したのか、資料に基づいて考察する。

(4) 単元計画

第1時 征韓論争や近代化政策など、岩倉使節団の視察が与えた日本国内への影響を理解する。

第2時 第1時の内容を踏まえた上で日清修好条規と日朝修好条規を比較し、その相違点を理解するとともに、なぜそのような違いが生じたのか考察する。（本時）

第3時 当時なされた国境の画定が、現在にどのような影響を与えているか具体的な例を挙げて考察する。

2 実践のポイント……………………………………………………

中学校指導要領では、中学校における歴史学習の目標は、「社会的事象の歴史的な見方・考え方を働かせ、課題を追求したり解決したりする活動を通して、広い視野に立ち、グローバル化する国際社会に主体的に生きる平和で民主的な国家及び社会の形成者に必要な公民としての資質・能力の基礎を育成すること」であるとしている。歴史的分野の学習において主体的・対話的で深い学びを実現するために養成すべき能力として、「社会的事象を、時期、推移などに着目して捉え、類似や差異などを明確にし、事象同士を因果関係などで関連付けること」が考えられる。幕末に締結されたいわゆる不平等条約の改正のため、日本は後に様々な近代化改革をすすめた。これにより、日本はアジア地域という枠組みで捉えると先進国の立場に位置づけられることとなった。日本の外交を中国・朝鮮の立場からみると、どう捉えることが出来るのか。史料読解を通じて、歴史的事象を多角的に捉える力が、本単元で目指す「知恵」である。

なお、史料は『詳説日本史史料集』（山川出版社）から引用した。

3 本時の展開（第2時）……………………………………………

(1) 岩倉使節団の与えた影響

条約改正交渉の挫折→殖産興業 （K1）

・薩長藩閥の最高実力者を中心とした使節団で、1年10ヶ月に及ぶ渡航となった。

・最初の訪問国アメリカで交渉を開始するも、全権委任状を所持していないがために交渉をすすめられず、国際法、国際慣行の無知を痛感させられた。

・条約改正には近代化が必須かつ急務であることを理解する。

・留守政府内には不平士族の不満解消のため征韓論を支持する勢力が多数いたが、帰国した
　岩倉使節団のメンバーを中心とする内地優先論に制される。その結果、征韓論派は下野し、
　反政府運動を展開していく。
・江華島事件を理由に朝鮮に対し不平等条約を締結させる。

（2）史料から、それぞれの政策決定の根拠を読み取る

史料から日本と中国の関係を考察しよう。（P1）

○「日清修好条規」（日本外交文書）

第一条　此後、大日本国ト大清国ハ弥和誼ヲ敦クシ、天地ト共ニ窮マリ無ルベシ。又
　　　　両国ニ属シタル邦土モ各礼ヲ以テ相待チ、聊侵越スル事ナク、永久安全ヲ得セ
　　　　シムベシ。

第二条　両国好ミヲ通セシ上ハ必ス相関切ス。若シ他国ヨリ不公及ヒ軽藐スル事有ル時
　　　　其知ラセヲ為サバ、何レモ互ニ相助ケ或ハ中ニ入リ、程克ク取扱ヒ友誼ヲ敦クス
　　　　ベシ。

第八条　両国ノ開港場ニハ、彼此何レモ理事官ヲ差置キ、自国商民ノ取締ヲナスベシ。
　　　　凡家財産業公事訟訴ニ干係セシ事件ハ都テ其裁判ニ帰シ、何レモ自国ノ律例ヲ
　　　　按シテ糺弁スベシ。……

・訴訟はそれぞれ自国の法律により処断する。

史料から日本と朝鮮の関係を考察しよう。（P1）

○「日朝修好条規」（日本外交文書）

第一款　朝鮮国ハ自主ノ邦ニシテ、日本国ト平等ノ権ヲ保有セリ。嗣後両国和親ノ実ヲ
　　　　表セント欲スルニハ、彼此互ニ同等ノ礼義ヲ以テ相接待シ、毫モ侵越猜嫌スル事
　　　　アルベカラズ。……

第十款　日本国人民、朝鮮国指定ノ各口ニ在留中、若シ罪科ヲ犯シ、朝鮮国人民ニ交渉
　　　　スル事件ハ、総テ日本国官員ノ審断ニ帰スベシ。若シ朝鮮国人民罪科ヲ犯シ、日
　　　　本国人民ニ交渉スル事件ハ、均シク朝鮮国官員ノ査弁ニ帰スベシ。尤双方トモ
　　　　各其ノ国律ニ拠リ裁判シ、毫モ回護祖庇スル事ナク、務メテ公平允当ノ裁判ヲ
　　　　示スベシ。

- 朝鮮は独立国であり、日本と対等の外交権をもつ。
- 朝鮮は日本に対する治外法権を承認する。

(3) 中国、朝鮮との間で締結した条約の相違点を考察する

> 双方の条約内容に明らかな違いがあるのはなぜか。（P2）

- 中国は、古くから東アジア世界の中心として周辺諸国を冊封体制下に組み込んできた。一方、日本は東アジア諸国の中でいち早く近代化をすすめた国である。
- 日本と清が対等な条約を締結したことで、これまでの東アジア世界秩序が大きく変化した。
- 清は朝鮮への宗主権を主張し、一方日本は帝国主義の下、朝鮮への進出をねらっていた。

4 授業改善の視点……………………………………………

　本単元では、岩倉使節団の洋行が日本の外交政策に与えた影響を踏まえた上で、日清修好条規、日朝修好条規それぞれの史料を読み取ることで、自分の持っている知識を使って、未知の情報から必要な知識を得る力を身に付けさせようとした。読み取った情報から、中国と朝鮮との条約内容に相違がみられる背景を理解するとともに、これがこの後の歴史にどのように影響していくのか考察する思考力を定着させようと試みた。

　今回、教員が一部抜粋した史料を用いたが、その全文を扱う方法も有効であると考えられる。その場合、史料全文の読解を通じて、「どの箇所がどのような意味をもつのか」、「教科書や史料集でその箇所が抜粋される理由は何か」など、新たな観点からの考察が可能となる。

　第3時では、日本が進めた国際法に基づく国境の画定を扱う。国境は現代社会においてどのように変容しているか、その実態はどのようなものか生徒に調べさせる。

［浅井　歩］

〔歴史的分野〕
複数の立場から多角的・多面的に考察する力

実施学年
2年

単元名▶ **世界が注目した日露戦争**

1 実践の概要……………………………………………………………………

(1) 資質・能力の概要

　歴史学習における重要な視点として、事象を点で捉えるのではなく流れを意識して線で捉えることが挙げられる。ものごとには必ず因果関係が存在し、それを理解することが「歴史を学ぶ」上で重要となる。さらにその時代に生きた生身の人間が、どのような状況の中でいかなる価値観をもって行動していたのか、何を考え何のために行動したのか、などという視点をもって学習にのぞむことで、「歴史を学ぶ」にとどまらず、「歴史から学ぶ」ことへとつながっていく。本単元では、日露戦争期の日本情勢を史料に基づき考察していく中で、上述の能力養成を目指す。

(2) 単元目標

・日露戦争の過程を適切に理解する。　　　　　　　　　　　　　　　　　（知識・技能）

・史料の読み取りを通じて、日露戦争発生の背景、世界に与えた影響を適切に把握し、説明する。　　　　　　　　　　　　　　　　　　　　　　　　　　（思考・判断・表現）

・日露戦争を外交交渉という側面から捉え、現代の国際政治の課題を主体的に追究、解決しようとする。　　　　　　　　　　　　　　　　　（主体的に学習に取り組む態度）

(3) 学習ロードマップ

K1	P1	R1
K2	P2	R2
K3	P3	R3

K1：日露戦争の過程を理解する。

P1：日露戦争前後の史料を読み取る。

P2：日露戦争が国際社会に与えた影響を考察する。

K2：日露戦争に対する世論を整理し、的確に把握する。

K3：史料から、日露戦争に対する国民の評価を考察する。

R2：日露戦争を外交交渉の側面からとらえ、現代の国際政治における政策決定のありかたを、資料に基づいて考察する。

(4) 単元計画

第1時　日露戦争発生の背景や、戦況、国内外での世論、国際社会に与えた影響を的確に理解する。

第2時 第1時の内容を踏まえ、日露戦争に対する史料を国内世論および外交の観点から読み取ることで、日露戦争の意義を考察する。（本時）

第3時 第2時の内容を踏まえ、主戦論と非戦論・反戦論の双方の立場から、日露戦争後の動きをみていくことで、日露戦争の意義を具体的に考察する。

2 実践のポイント……………………………………………

　中学校指導要領では、中学校における歴史学習の目標は、「社会的事象の歴史的な見方・考え方を働かせ、課題を追求したり解決したりする活動を通して、広い視野に立ち、グローバル化する国際社会に主体的に生きる平和で民主的な国家及び社会の形成者に必要な公民としての資質・能力の基礎を育成すること」であるとしている。歴史分野の学習において主体的かつ対話的で深い学びを実現するために養成すべき能力として、「時代の転換の様子や各時代の特色を考察し、歴史に見られる諸課題について複数の立場や意見を踏まえて選択・判断」することが考えられる。日露戦争は日本を近代国家として世界に認識させた歴史の転換点の一つである。この過程を史料に即して捉える力が、本単元で目指す「知恵」である。

　なお、史料は『詳説日本史史料集』（山川出版社）から引用した。

3 本時の展開(第2時)……………………………………

(1) 日露戦争の過程を整理する

> 義和団事件による日露関係の緊迫化→日露戦争の発生（K1）

・背景には満州地域への勢力拡大をねらうロシアと、それを阻止したいイギリスとの外交問題があり、イギリスは日本と日英同盟を締結する。

・ロシアは義和団事件鎮圧を名目に、満州地域を軍事占領しており、日露間の緊張が高まった。

・日露戦争をめぐっては、主戦論と非戦論・反戦論とで日本国内の世論が二分された。

> 日露戦争が国際社会に与えた影響（P2）

・発展途上の小国日本が大国ロシアとの戦争で長期戦となるほどロシアを追い詰めたという事実は、日本に対する国際的認識を大きく変えた。

・日露戦争が、日本が幕末より悲願としていた不平等条約の完全改正を実現させる要因となった。

(2) 日露戦争を国民世論から考察する

> 日露戦争に対する国内世論を読み取ろう。（K2・K3）

○「七博士の満州問題意見書」（1903年）からみる主戦論の展開

> 噫、我国は既に一度遼東の還附に好機を逸し、再び之を膠州湾事件に逸し、又た三度之れを北清事変に逸す。豈に更に此覆轍を踏んで失策を重ぬべけんや。……蓋し露国は問題を朝鮮によりて起さんと欲するが如し。……故に極東現時の問題は、必ず満州の保全に就て之を決せざるべからず。……噫、我邦人んは千歳の好機を失はゞ我邦の存立を危うすることを自覚せざるべからず……

・東京帝国大学の戸水寛人教授を中心とする七博士は、政府の外交方針を対露軟弱外交として批判し、対露強硬論を展開した。
・他にも同年（1903年）に発足した対露同士会は「満州問題の根本的解決」こそが「国是」であると主張した。
・従来非戦論を展開していた『万朝報』が開戦論に転じた。

○「君死にたまふこと勿れ」（与謝野晶子、1904年、『明星』）からみる反戦論

> あ、をとうとよ君を泣く　君死にたまふことなかれ　末に生れし君なれば
> 親のなさけはまさりしも　親は刃をにぎらせて　人を殺せとをしへしや
> 人を殺して死ねよとて　二十四までをそだてしや　……

・従来非戦論を展開していた『万朝報』が開戦論に転じたことで、幸徳秋水・堺利彦・内村鑑三が退社する。
・幸徳秋水・堺利彦は平民社を結成し、『平民新聞』で非戦論を展開する。
・内村鑑三はキリスト教徒の立場から非戦を唱え続けた。

(3) 日露戦争を外交的観点から理解する

> 日露戦争発生前の史料を読みとろう。（K2・K3）

○「日英同盟」（日本外交年表　竝　主要文書）

> 第一条　両締約国ハ相互ニ清国及ビ韓国ノ独立ヲ承認シタルヲ以テ、該二国孰レニ於テモ、全然侵略的趨向ニ制セラルルコトナキヲ声明ス。然レドモ、両締約国ノ特別ナル利益ニ鑑ミ、即チ其ノ利益タル、大不列顛国ニ取リテハ、主トシテ清国ニ関シ、又日本国ニ取リテハ、其ノ清国ニ於テ有スル利益ニ加フルニ、韓国ニ於テ政治上並ニ商業上及ビ工業上格段ニ利益ヲ有スルヲ以テ……両締約国孰レモ該利益ヲ擁護スル為メ、必要欠クベカラザル措置ヲ執リ得ベキコトヲ承認ス。
> 第二条　若シ日本国又ハ大不列ね国ノ一方ガ、上記各自ノ利益ヲ防護スル上ニ於テ、列国ト戦端ヲ開クニ至リタル時ハ、他ノ一方ノ締約国ハ、厳正中立ヲ守リ、併セテ

> 其ノ同盟国ニ対シテ、他国ガ交戦ニ加ハルヲ妨グルコトニ努ムベシ。

・両国の一方が第三国と戦争するに至った場合、他の一方は中立を守るが、両国の一方が二国以上と交戦するに至った場合、他の一方も参戦するという内容で、適用期間を5年とした。
・その後、1905年、1911年に改定され、1921年に締結された四カ国条約の発効にともない破棄された。
・一方、伊藤博文は日露協商の道を模索していた。

> 日露戦争の講和条約を読み取ろう。（R2）

○「ポーツマス条約」（日本外交年表 竝 主要文書）

> 第二条　露西亜帝国政府ハ、日本国ガ韓国ニ於テ、政事上、軍事上及ビ経済上ノ卓絶ナル利益ヲ有スルコトヲ承認シ、日本帝国政府ガ、韓国ニ於テ必要ト認ムル指導・保護及ビ監理ノ措置ヲ執ルニ方リ、之ヲ阻礙シ又ハ之ニ干渉セザルコトヲ約ス。
> ……
> 第五条　露西亜帝国政府ハ、清国政府ノ承諾ヲ以テ、旅順口・大連並ビニ其ノ附近ノ領土及ビ領水ノ租借権及ビ該租借権ニ関連シ、又ハ其ノ一部ヲ組成スル一切ノ権利・特権及ビ譲与ヲ、日本帝国政府ニ移転譲渡ス。

・ロシアは、日本の韓国に対する政治的・軍事的・経済的利権を認める。
・ロシアは、日本に対し、旅順・大連の租借権を認める。

4 授業改善の視点

　本単元では、史料から日露戦争の過程を読み取ることで、歴史的事象を多角的に考察する能力を養成しようとした。第3時の内容として、日露戦争に対する国民の評価を捉えるにあたって、主戦論と非戦論・反戦論双方の世論の立場から、時期を二分してみていく。その際、4～5人程度のグループを組ませ、意見交換をさせた後、各々レポートとしてまとめる。まず一つ目が、ポーツマス条約で賠償金を得られなかったことで、日比谷焼き討ち事件などの暴動が発生したことについてである。そもそもこの暴動を起こした者たちが、どのような勢力でどのような主張をしていたのかを整理した上で、主戦論と非戦論・反戦論者はどのように捉えたかを考察していく。次いで、日露戦争での功績が列強に認められ、不平等条約の完全改正に成功したことに関して、非戦論・反戦論の立場を主張していた人々は、これをどのように捉えたかを考察していく。他にも、生徒に論点を考えさせ、当時の国民がどのように考え行動したのか、史料に基づき考察する力をさらに養成していく。

［浅井　歩］

〔公民的分野〕
情報処理力、問題発見力

単元名▶**民主政治の発達**

１ 実践の概要……………………………………………

(1) 資質・能力の概要

　「憲法とは何か」と問われたら、多くの生徒が「最高法規」と答えるのであろう。次に「法規や法律の働きは何か」を聞けば、「守るべき規則」といった答えが出てくるであろう。しかし、憲法は本来我々の重要な権利を保障する目的で定められた。そしてその実現のための仕組みが民主政治である。主権者たる国民はその仕組みを理解するに留まらず、より良く機能するよう能動的に参加することが求められる。であれば、その本質を理解することが不可欠である。本授業では、「基本的人権」や「社会契約説」、ロックやルソーといった権利、思想、思想家の名前や内容を整理するに留まらず、それを革命という歴史的動態の中に位置づけることにより、こうした思想の必要性を理解させることを一つの目的とする。また、それぞれの思想について考察を行い、共通点と相違点を見出させ、それがどのように結実したかを「アメリカ独立宣言」や「フランス人権宣言」の条文から読み取らせることで理解を深めさせたい。そして最後に民主政治とて万能ではなく、欠点があり、我々の不断の努力なくしては意図せぬ方向に向かいかねない点に気付かせ、その危険を回避しよりよく機能させるにはいかに行動すべきかを考えさせたい。

(2) 単元目標

・ロックとルソーの思想の概要を教科書上の記述から見つけ出し、基本的人権や社会契約説について理解する。　　　　　　　　　　　　　　　　　　　　　　　　　　　（知識・技能）

・両者の思想を比較し、その共通点を整理した上で、独立宣言や人権宣言の資料からその理念を読み取る。　　　　　　　　　　　　　　　　　　　　　　　　　　　（思考・判断・表現）

・ヒトラー政権が、当時最も民主的と謳われたワイマール憲法下で成立したことを題材にして、民主政治の危険性とその防止のために留意すべきことについて考え、発表する。

　　　　　　　　　　　　　　　　　　　　　　　　　　　（主体的に学習に取り組む姿勢）

(3) 学習ロードマップ

　　　　　　　K1：ロック、ルソーの思想、基本的人権、社会契約説の内容を
　　　　　　　　　　理解する。

K1	P1	R1
K2	P2	R2
K3	P3	R3

K2：ロック、ルソーの思想について比較し、相違点・共通点を見出し、理解を深める。

K3：アメリカ独立宣言、フランス人権宣言の資料からその思想・理念を読み取る。

P1：民主政治とはどのような政治かを教科書の記述等を参考に理解する。

P2：君主制から民主政治への以降について、ロックやルソーの思想に触れながら説明する。

R1：民主政治に潜む危険性とその回避のための方策について考え、自分の意見を持つ。

R2：自らの考えをグループ内で発表し共有する。

(4) 単元計画

第1時 政治とは何か、どんな役割を果たしているかについて考察することで、国家の役割や国民の意見や考えの違いを調整する方法等について学ぶ。

第2時 専制政治から市民革命にいたる歴史的経緯を振り返り、民主主義思想の芽生えを理解するとともに、その基本原理である基本的人権とそれを保障する憲法と立憲主義の価値を認識させる。（本時）

第3時 大日本帝国憲法の内容・特色を理解し、戦争・敗北に至る経緯を知った上で、日本国憲法成立の経緯と基本原理について理解する。

2 実践のポイント……………………………………………

　政治権力は人類史の長きにわたって少数の権力者に独占されてきた。しかし、経済活動の発展と拡大によって成長した市民階級の登場と彼らの自由を求める声は、市民革命を引き起こし、ついには国民が主権者となるに至った。この一連の変化を支えた理念が基本的人権とその保障である。人権が尊重されるべきであり、多くの人々に政治参加が許されるべきであるという理念が多数の支持を得たのはなぜか、その保障のためにどのような手立てが必要であったか。これらを理解した上で初めて主権者としての自覚とそれに相応しい行動が導き出される。本単元ではこれらを題材として、「必要な情報を整理して理解」し、「物事の問題点を見つけ出し解決しようとする姿勢」を引き出したい。

　以上のような認識・理解の手立てとして独立革命や人権宣言を資料として活用した。いずれもポピュラーな資料であり、読解は比較的容易であろう。ロックやルソーの思想や基本的人権についても教科書の文章から拾うことができる。こうした知識を活用し、いかに関連付けられるかが本授業のポイントとなる。関連付けによって高められた理解の上に立って、主権者としての在り方を考え、さらにそれをグループ内で共有することで理解の深化に繋げられるようにしたい。

3 本時の展開(第2時)⋯⋯⋯⋯⋯⋯⋯⋯⋯⋯⋯⋯⋯⋯⋯⋯⋯⋯⋯⋯

(1) 動機付け（民主政治とは）

> 集団内で異なる意見をまとめる際に、どのような方法をとるか。

・話し合う　　・意見を出し合う　　・多数決

> 議論の際の発言権や多数決をとる場合の票数についての原則はどうするか。

・発言権は平等　　　・一人一票

> 以上のように、平等な権利を持つ者同士が話し合い、多数決で議決をとる政治を何というか。

・民主政治（議会制民主主義）

(2) 史料の読み取りを通じて民主政治の理念を理解し、その欠点にも目を向けさせる

> 政治体制は君主制から民主制へと変遷する。何がきっかけで民主政治への歩みが始まるか。具体的な歴史事象を教科書や資料集から探してみよう。（K1）

・市民革命(アメリカ独立革命、フランス革命)を経て、主権者が君主から市民へと移り変わる。

> 市民革命の背景にある社会契約説について、その代表的な思想家としてどんな人物がいるか。教科書を読んで二人の名前を挙げるとともに、その思想の内容を抜き出してみよう。（K2）

・ロック：生命・身体・自由・財産など人間が生まれながらにして持つ権利、すなわち自然権を守るために、人間は契約を結び、その権利の一部を政治権力に委ねる。
・ルソー：人間は能力に違いはあっても平等に権利をもっており、それぞれが対等な資格で契約を結び、人びとの自由と平等を維持するために政治権力に参加する。

> 両者の思想内容を踏まえて資料を読み、どちらのものでなんと言う資料かを突き止めよう。また、両者に共通する点を読み取ろう。（K3）

資料①

> 我々は自明の真理として、全ての人は平等に造られ、造物主によって、一定の奪いがたい天賦の権利を付与され、そのなかに生命…

・アメリカ独立宣言（ロック）

資料②

> 第一条：人は自由かつ権利において平等なものとして出生して、かつ生存する
> 第六条：法は、総意の表明である。すべての市民は…
> 第十七条：所有権は、一の神聖で不可侵な権利である

・フランス人権宣言（ルソー）

どちらの資料にも「自由」「平等」「所有権」などの文言のいずれかが入っており、基本的人権を保障している。これが憲法に受け継がれて立憲主義が確立し、民主政治が行われる。

> 民主政治は万能だろうか。次に示すような独裁政治が当時最も民主的と謳われたワイマール憲法下のドイツで台頭し、ついには憲法を停止して独裁政治が断行された。なぜそのような事態を招いてしまったのだろうか。（P1・P2）

・例えば生徒会選挙等が行われた時に、君たちはどのようなことを基準にして候補者を選ぶだろうか。訴えていることの真偽や実現の可能性などについて深く考えるだろうか。その場の雰囲気や候補者の容姿、話し方など、内容とは無関係なことを基準に選んでいないと断言できるだろうか。ところで、ヒトラーが政権を取ったときのドイツの情勢はどうだったか。賠償金や軍備制限、領土の削減等厳しい条約を突きつけられ、戦争責任を一方的に負わされた挙句、世界恐慌に見舞われるなか、不満や怒り、絶望を抱えた国民に対し、ヒトラーはどんな訴えをしたのだろう。果たして当時のドイツで、民主主義は十分に機能していたと言えるだろうか。

(3) 民主政治に潜む危険性の認知とその防止策について考える

> 以上のことを踏まえ、民主主義の危険性とは何か、その危険を回避し、民主政治を適正に機能させるにはどうしたらよいかを考え、アイデアを出し合おう。その後、それらの意見について議論し、グループの意見をまとめよう。（R1・R2）

4 授業改善の視点……………………………………………

　今回は①必要な情報を教科書の記述から読み取り、その情報を活用して資料を解釈していくことで知識を深めること、②その知識から問題点を探して、自分なりの解決方法を提示し、それを他人と共有することの2点を主眼として授業を実施した。意見の共有についてはさらに議論を深め、他者の考えを踏まえてより高次の結論までたどり着きたいところであった。これについては感想という形で授業後にまとめさせ、その要点をまとめたプリントを配るなどして補うことができる。今回、教科書から該当する内容を読み取る過程や資料の読み込みの際に生徒間での協業が見られたことも収穫であった。ただし、生徒間で理解の度合いや獲得した知識の定着度において差があることも認めらえた。その点をどのようにフォローアップしていくかが課題であり、プリントにコメント欄を設け、気付きを促すアドバイスを与えたり、押さえるべきポイントを提示したりすることが必要だと感じた。　　　　　［阿髙剛行］

〔公民的分野〕
情報分析力、問題発見力

実施学年
3年

単元名▶**基本的人権の保障～自由権～**

1 実践の概要······································

(1) 資質・能力の概要

　日本国憲法には、さまざまな基本的人権が列記されている。それは、「すべて国民は、個人として尊重され」るからであり（個人の尊厳、13条）、市民社会で自律的に生きていくためには政府から不必要な干渉を受けてはならないとされているからである。本単元では、日本国憲法上の人権の各別の内容を理解するとともに、人権がなぜ必要なのかを考えさせる。また、人権が問題となる場面では、一方的な制約ではなく、他方で必ず対立する利益が存在する。それらの調整をどのように行うのか、その基準は何かなど、社会の一員として必要不可欠となる基本的な法（解釈）の素養を身につけさせることを目標とする。

(2) 単元目標

・自由権として規定されている人権の概要を理解する。　　　　　　　　（知識・技能）

・人権問題の事例を通じて何が問題なのかを把握し、公平・公正の理念のもと、人権の規定がどのように適用されるのかを考えることができる。　　　　　（思考・判断・表現）

・議論を通じて、意見の違いを考慮しつつ、問題に対して自分なりの解決方法を理由とともに提示することができる。　　　　　　　　　（主体的に学習に取り組む態度）

(3) 学習ロードマップ

K1	P1	R1
K2	P2	R2
K3	P3	R3

K1：憲法上の人権の種類、保障の内容について理解する。

P1：人権がなぜ必要なのか考察する。

P2：各事例において何が問題なのか、どの人権がどのように問題になるのかを考察する。

K2：憲法は対国家規範であること、また、国家が人権を制約する場合には、他方で得られる利益があることを理解する。

P3：公平・公正という「正義」の下、一定の妥当性のある結論を自分なりに考え、結論を出す。

R2：人権の問題は、日本のみならず世界共通である。人権感覚を養うことは、他者理解という意味で国際社会を生きるた

めに必要不可欠であることを理解する。

(4) 単元計画

第1時 日本国憲法には様々な人権が列記されていること、市民に対する国家による様々な制約が歴史的な背景となっていることを理解する。

第2時 第1時を前提に、自由権（1）として生命・身体の自由、精神的自由権を紹介する。最も重要な「表現の自由」について事例を通して厚く学習する。

第3時 自由権（2）として「経済活動の自由」を学習する。本時でも事例を通して憲法の人権感覚に触れる。（本時）

2 実践のポイント……………………………………………………

本単元においては、日本国憲法上の人権について学ぶ。すでに前2時間の学習で、歴史的沿革を踏まえて人権とは対国家規範であること、不可侵性を持つこと、などを学習している。本時では「経済的自由権」について学ぶ。

受験参考書などでは、日本国憲法の条文番号と人権の名称が太字になっていることが多く、学習者は、ともすればそれだけを平面的に暗記すれば満足してしまうかもしれない。また、定期考査でもそれで得点できるだろう。しかし、重要なことは人権の名称ではなく、その内容であり、その人権がどのような場面で問題になるのか、またそれはなぜかを考えることが肝要である。将来、自身の身近に類似の事案が生じた場合、授業で得た知識を「用いて」問題解決に努めることができる能力、それが「知恵」である。条文を用いて、種々の情報を精査しながら問題点を浮き上がらせ、客観的な根拠に基づいて自分なりの結論を出す。知識を平面的に記憶するだけでなく、思考というフィルターを通して概念化し、未知の事案においてもそれを柔軟に応用できる能力こそ、学習指導要領で求められている「資質」であると考える。授業は討論形式で行う。討論という体験を通して、平面的な教科書の知識を「知恵」として深化させるためである。

法曹の世界では、さらに進んで、公平・公正の理念に基づいて事案を法規にあてはめ、妥当な結論を導く。その際には、「二重の基準論」などの他の知識や、より精緻な事案解析能力・規範定立能力が必要となるため、ここでは深入りはしない。あくまで、市民社会を生きる「資質」として必要と思われる情報分析力ならびに問題発見、思考力の養成を目指す。

3 本時の展開（第3時）……………………………………………

(1) 日本国憲法22条を提示する

22条【居住・移転及び職業選択の自由】
①何人も、公共の福祉に反しない限り、居住・移転及び職業選択の自由を有する。
②何人も、外国に移住し、または国籍を離脱する自由を侵されない。

・誰でもどこに住むか、どんな仕事に就くかの自由は憲法で保障されている。

・海外旅行の自由や国籍を離脱する自由も保障されている。

・仕事を営む自由（営業の自由）も認められている。

> これらの自由は絶対に制約できないのだろうか。（K1・P1）

・「公共の福祉に反しない限り」という留保がついている。

(2) 事例をあげ、何が問題なのかを考え、議論させる

> 以下の事例を想定する。何が問題なのか、制約は許されないのか、考えて話し合ってみよう。（P2）

○事例

> 　国会は、すべての国民に対し、「政府は、日本に居住する国民が、中学校（あるいは高等学校・大学・大学院）卒業時に各自の能力・適性を考慮し、適切な職業を決定する。」という法律を制定した。

○何が問題なのか。

反対意見	賛成意見
・政府が、自分の就く職業を決めるなんておかしい。 ・自分で職業を決められないのであれば、努力する意味がなくなってしまう。 ・憲法22条「職業選択の自由」を制約している。	・自分で就職活動しなくてよくなる。 ・政府が職業を保証してくれるなら失業する心配がないから安心できる。 ・政府が全く自由に決めるのでなく「能力・適正に合わせ」「適切に」とある。

(3) 論点を整理する

> 国会がこのような法律を制定した目的を踏まえて考えてみよう。また、「公共の福祉」の意味についても考えよう。（P3・R2）

・国会が、若年者が就職活動を行うにあたり、無用な競争を排除し、自身の適性に合わせて仕事を周旋し、もって自身の能力を最大限発揮できる機会を提供するために、また、失業率対策としてもこの法律を制定したならば一定の合理性はある。また、それにより利益を受ける人も一定以上いる。

・しかし、憲法では「個人の尊重」（13条）を原則とし、自身に関することは基本的に自身

で決めるべきとする。そのために人権が規定されている。また、その制約によって利益を得る者が多数いても、同時に少数の人権が侵害されていることは忘れてはならない。その相互矛盾を調整するのが「公共の福祉」である。
・この法律が、だれの「職業選択の自由」をどのように侵害しているのかを具体的に考えてみよう。
・最後に、こうした人権感覚は、「グローバル化する国際社会に主体的に生きる平和で民主的な国家及び社会の形成者」の養成に繋がることを意識させる。

4 授業改善の視点……………………………………………………………

　本時では、職業選択の自由を事例として具体的に考えた。事例を通して考えることで、この人権がどのように解釈・適用されるのかを具体的に考えることができる。また、議論を通して授業を展開していくため、教師は基本的な問題を提起した後は生徒から出る意見を拾い上げながら討論の司会役を務める。その際、生徒によくある「おかしい」とか「むかつく」といったいわば事実上の利益は極力排除するよう議論を進めることが大切である。法の目的は何か、侵害の態様はどうか、少数者の人権に配慮は必要かなどに焦点を当てる。本授業では、賛成派と反対派の意見交換は1回のみであったが、これは複数回行うのが望ましい。この事例は、違憲無効になると思われるが、授業であえてこの結論は出す必要はないと思われる。各自で考えて議論するという体験を通して知恵を身につけることが授業の目標だからである。

　今回、扱った事例はオリジナルであるが、育てる資質に応じてより適切な事例を設定すれば効果的な授業が期待できる。法務省ホームページ「法教育　中学生を対象とした教材」などを適宜参照されたい。

［田中晋平］

育てる資質・能力

〔公民的分野〕
本質的な知識力、問題発見力

単元名▶**選挙制度とその課題**
　　　　〜日本の選挙制度の問題点を考える〜

1 実践の概要

(1) 資質・能力の概要

　公民は、自分たちが生きている社会（家族・地域・日本・世界等）の中で起こる様々な出来事（例えば日本国憲法の意味、株式会社のしくみ、資源・エネルギー問題等）について、その意味や役割が何であるかを学習する分野である。政治に関して言えばその役割は、様々な意見や利害の対立を調整して、その解決を図ることである。そのため、政治的な見方・考え方を養うには、自分の意見を主張するだけでなく、自分と異なる意見を理解し、尊重しなくてはならない。

　本単元では、主権者として積極的に政治に参加するための「選挙」について、その原則や制度を理解し、日本と世界を比較しながら、日本の選挙制度の問題点について意見を出して話し合うことを目指す。

(2) 単元目標

・選挙の原則と制度について内容を適切に理解する。　　　　　　　　　　　（知識・技能）

・日本の選挙制度のしくみを世界と比較しながら考える。また、衆議院と参議院では選挙制度が異なることについても考えさせる。　　　　　　　　　　　（思考・判断・表現）

・日本の選挙制度の問題点を挙げ、その問題を主体的に追究、解決しようとする。また、模擬選挙を通じて選挙のしくみを体験する。　　　　（主体的に学習に取り組む態度）

(3) 学習ロードマップ

K1	P1	R1
K2	P2	R2
K3	P3	R3

K1：選挙の原則と制度について内容を理解する。

P1：日本と世界の選挙権・被選挙権を比較する。

P2：衆議院・参議院の選挙制度を考察する。

K2：小選挙区制、比例代表制の特色を理解する。

K3：日本の選挙制度の歴史をふまえ、衆議院と参議院の選挙制度を比較する。

R2：日本の選挙制度の問題点について話し合い、模擬選挙を通して選挙のしくみを体験する。

(4) 単元計画

第 1 時 主権者として積極的に政治に参加するための「選挙」について、その原則と制度の内容を海外と比較しながら理解する。（本時）

第 2 時 日本の選挙制度の問題点を挙げ、テーマを絞って討論やディベートを行う。

第 3 時 模擬選挙を実施し、選挙のしくみを体験する。また、そこから問題となる事例を挙げ、意見を出し合う。

2 実践のポイント……………………………………………………

　公民的分野の学習は、これまで学習してきた地理的分野、歴史的分野の内容を踏まえて、現代の社会のしくみについて理解を深める科目である。本単元のテーマである選挙制度についても、民主主義が所与のものとして初めから存在していたわけではなく（古代ギリシアの民主制は除く）、宗教改革や市民革命を通して獲得した制度であることに気づき、その本質を捉える力が、本単元で目指す「知恵」である。

　用意した学習内容は、中学生でも内容を理解できるよう平易なものとしながらも、海外との比較を交えて、これからの日本の選挙制度のあり方を問うものとなっている。与えられた情報を自分の知識とし、そこから問題点を探してよりよい選挙制度のあり方を考えることを目的とする。

3 本時の展開（第 1 時）………………………………………

(1) 選挙権の拡大

> 日本における選挙権の歴史～1890年の国会開設時の状況から考える～ （K1）

・直接国税15円以上を納めた25歳以上の男性のみに選挙権を付与。

・1919年に 3 円以上の納税者に引き下げ。

・1925年に25歳以上の男性のみの普通選挙実施。

・1945年に20歳以上のすべての男女に選挙権。

・2016年に選挙権年齢を18歳以上に引き下げ。

※大日本帝国憲法下での制限選挙から普選運動を通して選挙権が拡大していった歴史をふまえる。日本国憲法下での法の下の平等の思想により、男女平等の選挙権が与えられるようになった背景を読み取らせる。

海外の主な国での普通選挙が実施された年 （P1）

国名	男性	女性
フランス	1848年	1944年
アメリカ合衆国	1870年	1920年
ドイツ	1871年	1918年
イギリス	1918年	1928年

・現在海外では18歳以上が主流。

・191か国中、92％の国が18歳以上に選挙権が付与されている。

・50か国以上では18歳以上に被選挙権もある。

＊レディーファーストと言われる欧米諸国においても政治的には女性の地位は低く見られ、女性に普通選挙権が与えられたのは男性に比べてかなり遅いことに着目させる。

(2) 選挙の原則としくみ

日本の選挙の原則を教科書や資料集を活用して調べてまとめる。（K1）

・普通選挙…18歳に達すれば財産や性別に関わりなく選挙権を持つ。

・直接選挙…有権者が代表者を直接選出する。

・平等選挙…1人1票。

・自由選挙…投票の自由（投票するかしないかは有権者の自由）。

・秘密選挙…秘密を守る。

選挙のしくみを公職選挙法や選挙管理委員会の仕事の内容から調べてまとめる。（K1）

・立候補の手続き方法

・投票のやり方

・選挙運動の方法　など

＊選挙運動で禁止されていることを調べて発表させ、なぜ禁止されているのか次回の授業で話し合いをさせるのもよいと考える。

(3) 日本の選挙のしくみ

衆議院の選挙のしくみを教科書や資料集を活用して調べてまとめる。（P2・K2・K3）

○小選挙区比例代表並立制（2019年9月現在の定数は465）

・任期4年だが、解散があるため全員を一括で選ぶ総選挙。

・全国を289のブロックに分けて小選挙区で289人を選出。

・全国を11のブロックに分けて拘束名簿式比例代表制で176人を選出。

・拘束名簿式とは、政党のみに投票する制度で、小選挙区との重複立候補を認める。

> 参議院の選挙のしくみを教科書や資料集を活用して調べてまとめる。（P2・K2・K3）

○非拘束名簿式比例代表制＋都道府県単位の選挙区制（現在の定数は248）

・任期6年で3年ごとに半数を改選。

・都道府県単位の選挙区制で74人選出。

・全国を1単位とする非拘束名簿式比例代表制で50人選出。

・非拘束名簿式とは、政党名でも個人名でも投票できる制度。両方合わせたものを政党全体の得票数とし、個人名の得票が多い順に当選者が決定する。

4 授業改善の視点

本単元では、選挙権拡大の歴史を踏まえつつ、海外の普通選挙実施年と比較している。選挙の原則や選挙制度のしくみは教科書や資料集にも記載されているので、生徒に調べさせて発表させる方法がよいと考える。

選挙のしくみなど必要な知識を得た上で、第2時には、日本の選挙制度の問題点について討論やディベートを行う。日本の選挙制度の問題点として挙げられることは、「一票の格差」や「若者の投票率の低さ」等が想定される。また、投票時間の延長や期日前投票制度が設けられたが、十分に成果が出ているとは言い難いことなども、現行の選挙制度が抱える課題である。第2時では、上記の問題点の中から生徒の理解度や関心に即したテーマを絞って、意見を出し合うのがよいと考える。また、日本の内閣総理大臣の選出方法とアメリカ合衆国の大統領選挙を比較して（間接民主制と直接民主制の比較）、その違いを討論してみるのも一案である。日本の将来を担う若い世代が、民主主義社会において、自分たちの生活や社会をよくするために、自分たちの意見を反映させてくれる代表者を決める方法としての「選挙」について関心を持ってもらうことは大切なことである。また、そのことを通して、よりよい選挙制度が議論される可能性もある。さらに、第3時の授業で模擬選挙を行うことにより、近い将来に有権者となることを生徒に自覚させ、有権者に求められる公民的資質を養っていくようにしたい。

［川合　猛］

〔公民的分野〕
本質的な知識力、判断力

単元名▶ **自衛隊と日本の安全保障**
　　　　　〜オキナワの平和主義〜

1 実践の概要……………………………………………………………

(1) 資質・能力の概要

　本時では、沖縄の地理や歴史、そして現代の状況を知ることから始める。次に、沖縄基地問題をどのように解決に導くべきかを考察させる。「日本政府と沖縄が抱えている課題を解決する方法として、本質的な知識力、判断力を身に付けさせつつ、「自分には関係ない」のではなく、沖縄の平和が日本の平和に結びつくこと、ひいては世界（平和）に貢献するという面に結びつけたい。

(2) 単元目標

・戦争の加害的・被害的側面と、憲法第9条の理念を理解する。　　　　　　（知識・技能）

・自衛隊の創設過程を確認するとともに、日米安全保障条約の内容から日米両国の立場を適切に判断し、説明する。　　　　　　　　　　　　　　　　　　　　　（思考・判断・表現）

・沖縄にアメリカ軍基地が集中している状況を把握し、与野党の政策決定の考え方を活用し、現状を打開するためにはどうすべきか、辺野古問題を主体的に追究、解決しようとする。

　　　　　　　　　　　　　　　　　　　　　　　　　　　　（主体的に学習に取り組む態度）

(3) 学習ロードマップ

K1	P1	R1
K2	P2	R2
K3	P3	R3

K1：平和主義の理念について理解する。

K2：なぜ沖縄にアメリカ軍基地が集中しているのか、日本政府の考えと沖縄の思いの両方を理解する。

P1：憲法第9条及び日米安全保障条約の資料を読み取る。

P2：米国が日本に駐留を続ける理由、また、日本が条約には規定のない予算を計上し、米軍の駐留経費を負担する理由を考察する。

K3：冷戦終結後の日米同盟のあり方について理解する。

R2：国際社会の中で日本が果たすべき役割とは何か、資料に基づいて考察する。

(4) 単元計画

第1時 戦争は人間に何をもたらしたか。なぜ、戦争はよくないのか。平和主義の概念、日本国憲法第9条の理念を理解する。

第2時 自衛隊はなぜ創設されたのか。日米安全保障条約とはどのようなものであり、それはどう変わってきたのかを国際情勢の推移の中で考察する。

第3時 前時との繋がりの中で、沖縄の歴史と現状について学び、国際社会の中で日本の果たすべき役割はどのようなことかを話し合わせる。(本時)

2 実践のポイント……………………………………………………

　中学校の社会科学習は、公民的分野でしめくくりとなる。それゆえ、指導の際には地理・歴史的分野を横断的に意識させる必要がある。沖縄については、その歴史的背景を抜きには語れないであろう。「琉球処分」や「慰霊の日」、「占領の継続」、「銃剣とブルドーザー」などの項目を意識しながら展開させる。一方、地理的分野との関連においては、「地政学的に」という文言がよく用いられるが、それは日本の安全保障の側面だけでなく、アメリカの事情が影響していることを加味しなければならないであろう。

　アメリカ軍基地を外交問題とするならば、それは北方領土における日ロ関係なども踏まえなければならなくなる。新聞記事などの最新の資料も用意しつつ、沖縄米軍基地問題は、実は国内問題としての側面が大きいことに気づかせたい。1995(平成7)年の少女暴行事件をひとつのきっかけとするSACO(沖縄に関する特別行動委員会)合意で、「世界一危険な基地」の普天間飛行場の返還が決定して以来、この「普天間・辺野古問題」は国政・地方選挙の争点にもなり、揺れ動いている。普天間飛行場の代替地がなぜ同じ沖縄県内の辺野古でなければならないのか、県外・国外ではいけないのか、そもそも代替地は必要なのか等について、生徒自身に活発な議論を展開させる。その際、単なる思い込みや感情論ではなく、資料を基に法的根拠を示しつつ主張できるレベルに持っていきたい。

　最終的には「平和とは何か」を今後も追究していく姿勢を維持・継続させることでまとめとする。

3 本時の展開(第3時)……………………………………………

(1) 第二次世界大戦当時の沖縄の状況を挙げる

> 沖縄戦では、どのようなことが起きていたか。(K2)

・唯一の陸上戦が展開され、県民のおよそ4分の1が亡くなった。
・投降は許されず「最後の一人まで戦え」と指示されていた(本土の捨石)。
・6月23日に組織的戦闘は終わり、あとは逃げ続ける日々であった(慰霊の日)。

・アメリカ軍による占領が1972（昭和47）年まで続いた（本土の占領終了から約20年）
・アメリカ軍の「銃剣とブルドーザー」による、土地の強制接収が行われた。
・アメリカ軍の事故、アメリカ軍兵の犯罪が多く起こった。

（2）史料から、アメリカ軍の日本駐留の実態を読み取る

日米安全保障条約から、アメリカ軍が日本に駐留する根拠を読み取ろう。（P1・P2）

○　日米安全保障条約

第6条【基地許与】
　日本国の安全に寄与し、並びに極東における国際の平和及び安全の維持に寄与するため、アメリカ合衆国は、その陸軍、空軍及び海軍が日本国において施設及び区域を使用することが許される。

日米地位協定から、米軍兵の犯罪が起こる背景を読み取ろう。（P2）

○　日米地位協定

第3条【施設・区域に関する合衆国の権利】
（1）合衆国は、施設及び区域内において、それらの設定、運営、警護及び管理のため
　　必要なすべての措置を執ることができる。
第17条【刑事裁判権】
（3）裁判権を行使する権利が競合する場合には、次の規定が適用される。
　（a）合衆国の軍当局は、次の罪については、合衆国軍隊の構成員又は軍属に対して
　　　裁判権を行使する第一次の権利を有する…
（5）（c）日本国が裁判権を行使すべき合衆国軍隊の構成員又は軍属たる被疑者の拘禁
　　　は、その者の身柄が合衆国の手中にあるときは、日本国により公訴が提起される
　　　までの間、合衆国が引き続き行うものとする。

（3）思いやり予算における背景を考察する

なぜ日本は「思いやり予算」を負担し続けているのか。その背景を考えよう。（P2）

○　日米地位協定

第24条【経費の負担】1
　日本国に合衆国軍隊を維持することに伴うすべての経費は、2に規定するところにより日本国が負担すべきものを除くほか、この協定の存続期間中日本国に負担をかけないで合衆国が負担することが合意される。

・ベトナム戦争などでアメリカ軍の経済が疲弊していた1978年に日本政府の「思いやり」で約62億円の支給が始まり、現在は1800億円を超えている。
・米国は「接受国負担」として、増額を要求し続けている。
・駐留費の70％超は他国と比較しても極端に重い。

(4) 普天間・辺野古問題について討論する

「世界一危険な基地」といわれるアメリカ軍普天間飛行場の日本への返還が決定した（1996年 SACO 合意）が、日本政府がその代替地として同じ沖縄県内の辺野古に決定したのはなぜか。その賛否を討論しよう。（K3・R2）

・冷戦期に形成された日米同盟が、現代どのように変化しているのだろうか。
・沖縄県民の民意はどうだろうか。
　沖縄の歴史的背景に加え、日本にアメリカ軍基地があるメリットの享受者と、デメリットに直面する被害者が一致しないことがこの問題を複雑化させている。まずは、事実をきちんと認識することが必須である。平和主義は日本国憲法の学習の一環であり、基本的人権の尊重や地方自治等、憲法内の他の項目にも横断させる。最終的には、国際社会の中で日本の果たすべき役割について、自分の考えを構築できるよう導く。

4 授業改善の視点……………………………………………

　本単元では、第二次世界大戦後の冷戦期に構築された日本とアメリカとの関係が、どのように変化してきたのかについて考察させることを大きなテーマとした。その中で、沖縄の歴史と現状を見つめることで、フェイクニュースや一方的な情報に惑わされることなく、健全な批判精神から自分自身の意見を持たせようと試みている。今回は、身近な教科書、資料集などを用いての展開である。本授業を機に、各自がより詳細な資料を求めるようになることが望まれる。ヒロシマ、ナガサキ、またはフクシマと並んで、オキナワの地名は世界を駆け巡っている。原爆、原発と米軍基地問題の中に共通項が見つかれば、日本の果たすべき国際貢献、目指すべき平和主義が見えてくるのではないだろうか。

［坂本洋紀］

育てる 資質・能力

〔公民的分野〕
複数の立場から多面的・多角的に考察する力

実施学年
3年

単元名▶ **貿易と為替相場**
　　　　　～円高・円安とは？～

1 実践の概要‥‥‥‥‥‥‥‥‥‥‥‥‥‥‥‥‥‥‥‥

(1) 資質・能力の概要

　本単元では、円高・円安とは何か、なぜ円安・円高になるのか、また、それぞれにおける
メリット・デメリットについて言及するとともに、第二次世界大戦後の日本経済を振り返ら
せる。その中で、国際経済・貿易問題におけるグローバル社会について考察させたい。

(2) 単元目標

・円高・円安の概念を理解する。　　　　　　　　　　　　　　　　　　　　（知識・技能）

・円高・円安の発生要因を認識するとともに、それぞれの立場におけるメリット・デメリッ
　トを判断し、第二次世界大戦後における国際経済の概要を説明する。（思考・判断・表現）

・現代の国際経済関係の状況の悪化を把握し、それを打開するためにはどうすべきか、国際
　経済・貿易問題を追究、解決しようとする。　　　　　　（主体的に学習に取り組む態度）

(3) 学習ロードマップ

K1	P1	R1
K2	P2	R2
K3	P3	R3

K1：円高・円安の概念について理解する

P1：円高・円安がなぜ起こるのか、資料を読み取る。

P2：円高・円安のメリット・デメリットを理解する。

K2：なぜ国際的な為替介入が行われてきたのか、各国の思惑を
　　理解する。

R1：グローバル社会の中で各国が果たすべき役割とは何か、グ
　　ループで討論し、考察する。

(4) 単元計画

第1時　私たちの日常生活と、貿易相手の国や地域はどのように結びついているのだろうか。
　　　　　貿易と為替相場から理解する。（本時）

第2時　私たちの生活は、外国の企業や経済の動きとどのように結びついているのだろうか。
　　　　　企業活動のグローバル化から考察する。

2 実践のポイント………………………………………………

　本単元は公民的分野第2編「私たちの生活と経済」の第2章「生産のしくみと企業」、第2節「国境をこえる経済」に該当する。同第1節「市場経済における企業」で学習する「需要と供給」が円高・円安の発生要因の基盤となり、数学の知識が不可欠となる。円高・円安を体系的および理論的に理解させることで、1980年代中盤から後半にかけての各国の協調的為替介入の意味も認識させたい。

　「国際経済は難しい」とよく言われるが、概念をしっかりと学び、縦・横のさまざまな項目のつながりがわかるようになってくれば、身近に感じられるはずである。知識を活用させるために高校での学習内容を加味しながらも、実践力をつけさせる。そして、日本の立場だけでなく、各国が果たすべき役割について討論・考察させたい。

3 本時の展開（第1時）………………………………………

(1) 円高・円安とは何かを理解する

　1ドル＝360円と1ドル＝120円のどちらが円高・円安なのか理解しよう。（K1）

・それぞれ、1円＝何ドルなのか（円の価値が高いか低いか）。

　円高・円安と輸出・輸入の関係はどうなるか理解しよう。（K1）

○　輸出：円安（ドル高）は輸出に有利

例：日本から米国への輸出
　1ドル＝360円（円安・ドル高）…3600円の日本製品
　　　　　　　　　　　　　　⇒ 米国で10ドル
　1ドル＝120円（円高・ドル安）…3600円の日本製品
　　　　　　　　　　　　　　⇒ 米国で30ドル
}
同じ製品ならどちらが売れるか？

円安は輸出に有利

○　輸入：円高（ドル安）は輸入に有利

例：米国から日本への輸入
　1ドル＝360円（円安・ドル高）…10ドルの米国製品
　　　　　　　　　　　　　　⇒ 日本で3600円
　1ドル＝120円（円高・ドル安）…10ドルの米国製品
　　　　　　　　　　　　　　⇒ 日本で1200円
}
同じ製品ならどちらが買い易いか？

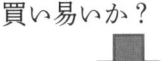

円高は輸入に有利

---

(2) 資料から、円高・円安の要因を読み取り、その影響を考える

> 需要・供給と価格の関係から、円高・円安の要因を読み取り、その影響を考えよう。(P1・P2)

○　需要・供給と価格の関係

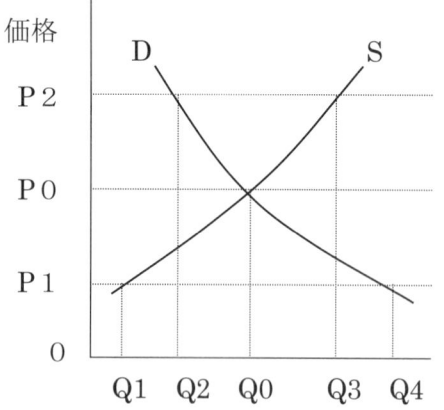

D：需要曲線
S：供給曲線

・P1時：Q4−Q1 ⇒ 超過需要…価格上昇
・P2時：Q3−Q2 ⇒ 超過供給…価格下落

・P0時：Q0（需要量＝供給量）⇒ 均衡価格

○　需給の動きと円高・円安

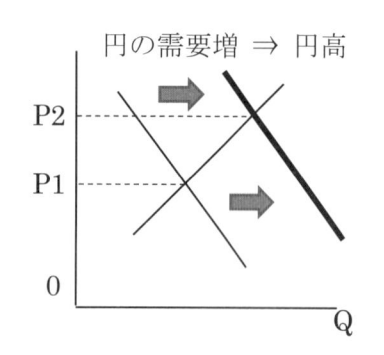

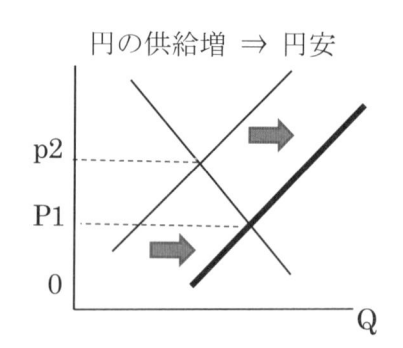

○　円高の影響
・輸出が落ち込み、日本国内は不況（円高不況）
・輸入製品が安くなり、日本国内の物価が下落する
・円の価値上昇により、日本企業の海外投資が増える
・日本からの海外旅行客が増加する

○　円安の影響
・輸出が伸び、輸出関連企業を中心に好況になる
・輸入製品が値上がりし、国内品の競争力が高まる
・円の価値下落により、外国企業の日本への投資が増える
・日本への観光客が増加する

(3) 資料から、戦後の国際経済、国際協調を認識し、多角的に考察する

> なぜプラザ合意が行われたのか、考えよう。(K2)

○　戦後日本の為替動向と国際協調の歴史

戦後～固定相場制…1ドル＝360円で固定
1971年　ニクソン・ショック（金・ドル交換停止）
1973年　キングストン合意（変動相場制へ正式移行）
　　　　⬇　　　1ドル＝200～250円で推移
1985年　プラザ合意（G5で協調し、円高誘導）
　　　　⬇　　　1ドル＝150円まで円高が進み、日本は円高不況へ
1987年　ルーブル合意

・戦後まもなく設定された1ドル＝360円は日本にとって輸出に有利であった。
・ニクソン・ショックにより、ブレトン・ウッズ体制は崩壊した。
・G5（アメリカ・イギリス・フランス・西ドイツ・日本）のプラザ合意の背景には、第二次石油危機後の世界不況の中、日本の大幅な貿易黒字がある。

(4) グローバル社会の中で各国が果たすべき役割について、グループで討論する

アメリカは「アメリカ・ファースト」として、中国や他国への関税を増やしている。一方、TPP（環太平洋経済連携協定）など、関税の撤廃による国境を超えたグローバル経済社会への動きが活発である。日本の果たすべき役割は何か、また、世界の共通認識として、各国はどうあるべきなのか討論しよう。（R1）

　日本は政治的な面からアメリカの政策に歩調を合わせる体制を取っているため、グローバルな視点から経済問題を考えることがうまくできていない。その点を踏まえつつ、各自の活発な討論を期待したい。加えて、国際協調を柱に、米中関係の悪化に代表される国際経済関係の不安を打開するためにはどうすべきかを考察させる。

4 授業改善の視点··

　本単元では、円高・円安の基礎知識習得を端緒として、最終的には国際経済関係悪化を打開するための方策について考察させることを大きなテーマとした。その過程において、アメリカとの関係を重視する功罪について理解することも含まれる。円高・円安の知識は、国際経済を理解するための基盤であり、必要に応じて問題演習などで定着を図ることも検討の余地がある。

　「プラザ合意」は国際経済体制をバランスよく維持するという点においては、一定の成果を挙げたと考えられる。現代の諸問題に対しても、国際協調が必要なことは言うまでもないが、現実的にはアメリカの意向が大きく働いていることにも留意する。

［坂本洋紀］

〔公民的分野〕
問題発見力、情報処理力

実施学年
3年

単元名▶ **未来をつくる君たちへ**
〜持続可能な未来へ〜

1 実践の概要

(1) 資質・能力の概要

　公民的分野の教科書で取り扱う国際社会の課題は多岐にわたっている。国連の役割や経済的連携、軍縮、地域紛争の解決、そして限りある資源を中心とする地球環境問題に関する課題も含まれている。このような課題に対し、日本が担うべき役割を考察させるとともに、持続可能な社会形成を主体的に捉え、実現に寄与しようとする姿勢を生徒自身に身に付けさせたい。

　本単元では、2015年9月の国連サミットで採択された「SDGs」を題材とする。「SDGs（エスディージーズ）」とは「Sustainable Development Goals（持続可能な開発目標）」の略称であり、2030年までの長期的な開発の指針として採択された「持続可能な開発のための2030アジェンダ」の中核をなす国際社会共通の目標である。この中に示されている現代の国際社会が直面している課題を読み取り、それに対して構築されつつある各国の政府や企業の取り組みに関する情報を収集し、内容や具体的な狙いをまとめる。この過程を経て、日本と自分自身が担うべき役割と目標を考察することを目指す。

図　17の国際目標（出典：外務省ホームページ）

(2) 単元目標

・国際社会が抱える課題と SDGs について適切に理解する。　　　　　　　（知識・技能）
・日本の政府、地方公共団体、企業などが表明している目標や、取り組みなどについて調査
し、まとめ、発表する。　　　　　　　　　　　　　　　　　　　（思考・判断・表現）
・様々な意見や多角的な視点に立った考察をもとに、日本の在り方や持続可能な社会形成に
向けての自分の達成目標と行動計画を考察し、意見をまとめる。

　　　　　　　　　　　　　　　　　　　　　　　　（主体的に学習に取り組む態度）

(3) 学習ロードマップ

K1	P1	R1
K2	P2	R2
K3	P3	R3

K1：SDGs 採択の背景にある国際社会の課題を理解する。
K2：日本が達成すべき目標について理解を深める。
P1：日本の政府、地方公共団体、企業などが表明・実施している取り組みについて調査し、まとめ、発表する。
R1：社会を担う一員である自分自身の目標を設定する。

(4) 単元計画

第1時　地球規模の国際問題にどのような姿勢で臨んでいるのか、国連を中心とした取り組みについて学ぶ。その際、SDGs の内容について詳細を理解する。

第2時　日本に注目し、SDGs 達成のためにどのような活動が必要か、または可能かを、団体・個人の両方の立場から想像（予想）する。その上で政府、地方公共団体、企業などが実際にどのような取り組みを行っているのかをグループに分かれて調べる。（本時）

第3時　各グループが調べた内容を発表する。

第4時　各グループの発表を踏まえ、自分の意見を発展させる。国際社会において日本国と自分が担うべき役割を、考え方や活動例などの具体的な内容を盛り込んでまとめる。

2 実践のポイント……………………………………………………

　国際社会の問題点については、中学3年生であっても必ず一度は学んだ経験があるはずである。しかし、その結果として生徒が挙げる未来に向けた具体的な行動例はというと、ゴミの分別や資源の無駄遣いをしないなど、通り一辺倒になりがちである。国際問題についての知識を身に付け、国連の掲げる目標の意図を理解した上で、課題解決のための手段を考察させる。さらにバリエーション豊かな活動例を調べることで、日本という国や地方公共団体、企業、自分という個人の活動の可能性を広げさせる。この学習活動を通して、今後の行動・生活を豊かなものにしようとする行動力の芽生えまでを意識した学びが大切である。

　実際、国際問題に対して自分ひとりの行動がどのような効果をもたらすかという点について、疑問を感じてしまう生徒もいるだろう。しかし、この SDGs 実現に向けての動きは、世界の投資家を中心としたビジネスの観点からも加速している。消費者の意識が変わることで、持続可能な社会に考慮している企業の商品が、そうでない企業の商品よりも買われるように

なり、すでにこの10年間で、企業経営の形態が大きく変わった（例えば、スターバックスのフェアトレード達成宣言や、GAP による販売している商品のコットン調達の全量を2021年まで持続可能な調達にするとの宣言など）。投資家から見ると、このような持続可能な社会に考慮している企業に投資した方が儲かるようになり、すでに2016年段階で約2500兆円の投資が行われている。SNS による個人の発信が大きな影響を持つ時代であるため、消費者一人の意思と行動が、企業を変え、マネーの流れを変え、ひいては世界を変える動きにつながることを想像させたい。

　また、プレゼンテーションを行う際には、数ある取り組みの中で、なぜその取り組みを発表内容として取り上げたのかを明確に述べさせる。これを指示することにより、そのグループに属している生徒が、SDGs 達成に向けた課題や、国や企業、個人の取り組みに何を期待しているのかを浮き彫りにすることができる。

3 本時の展開（第 2 時）……………………………………

(1) SDGs 達成に向け、何ができるか考察する

> SDGs 達成のため、国ができること、企業ができること、個人でできることを挙げてみよう。（K1・K2）

・法令の整備、予算の割り当て
・クリーンエネルギーの利用、有害物質の不使用の徹底、労働環境の整備
・ゴミの分別、エコバッグの使用、資源の無駄遣いをしない

(2) 実際の取り組みや計画を調べる

> 実際に、国や企業、個人でどのような取り組みがなされているのか、グループに分かれて調べよう。（P1）

○外務省 HP より…・日本政府の取り組み
　　　　　　　https://www.mofa.go.jp/mofaj/gaiko/oda/sdgs/effort/index.html
　　　　　　　・企業の取り組み
　　　　　　　https://www.mofa.go.jp/mofaj/gaiko/oda/sdgs/case/org1.html
○国連広報センター HP より…・個人の取り組み（できること）
　　　　　　　https://www.unic.or.jp/news_press/features_backgrounders/24082/

（3） 発表する内容をまとめる

> 様々な取り組みの中から1つ（1プロジェクト、1企業）を選び、発表内容をまとめよう。(P1)

・2019年6月28日、国連持続可能な開発ソリューション・ネットワーク（SDSN）などが発表した世界のSDGs達成度ランキングによると、日本は162カ国中15位であった。ジェンダー平等や責任ある消費・生産、気候変動対策、パートナーシップに大きな課題があると指摘された。一方、目標14「海の豊かさを守ろう」が達成されていると評価された国は162カ国中1カ国もなかった。
・何に着目して題材を選ぶか、グループの中で話し合って決める。

　調べ学習を進めるうち、多くの課題や取り組みが連動している複雑性に気付くであろう。様々な国や企業の枠を超えて、手を取り合い、課題解決策を実践しなければ、SDGs達成には至らない。まずは個人で行えることは何かを「自分ごと」として考える視点を養い、他者の意見やアイデアを交えて、より建設的な提案を考察させる。

4 授業改善の視点……………………………………

　本単元では、SDGsを題材に、持続可能な社会形成を主体的に捉え、自ら実現に寄与しようとする視点と意見を養うことを目標とした。短い検索時間でも、多くのプロジェクトを見つけたり、有名企業やタレントがSDGsの認知に積極的に取り組んでいる様子を知ったりすることで、自ら問題解決に臨もうとする姿勢が培われていくのを感じた。
　調べ学習の前段階で個人の意見を書かせたのは、一人ではあまり具体的な意見が出せなくても、他者と意見を交えたり、調べたりすることで、自分の意見が血肉化され、さらに魅力あるものになることを実感させたかったためである。しかしながら、そこに時間を割くよりも、他国の政策や企業の実践例を調べる調べ学習を行わせ、日本にも取り入れることができる建設的な案を考察させた方が、国際社会の次世代を担う生徒たちの議論が白熱したかもしれない。

［青木美緒］

おわりに

　本書で取り上げた「スキルコード」は、秀明大学学校教師学部の国語専修において、教師教育の必要性から、資質・能力を育成する授業の流れを可視化するための「発問コード」を応用・発展したものです。第2部に掲載した授業モデルの多くは、中学・高等学校の教員が実践している授業の内容をスキルコードごとに細かく切り刻み、分析を試みた結果です。

　とりわけ社会科の授業では「授業の流れが大切」などとしばしば言われます。採用当初はたどたどしかった授業が、経験年数が増すにつれて流暢になってくることを経験した人は、筆者だけではないでしょう。このこと自体は決して悪いことではありませんが、慣れや忙しさのせいもあって、「流れに任せた」授業になってしまうことも決して少なくありません。そのような時、自らの授業を切り刻み、スキルコードに当てはめることにより、自身の「授業の流れ」を可視化し、学習ロードマップを点検してみてはいかがでしょうか。生徒が関心や興味を示したポイント、つまずきのポイント等の課題が明確化し、授業改善に効果が期待できます。

　今回の学習指導要領の改訂にあたり社会科では、①主体的に社会の形成に参画しようとする態度、②資料から読み取った情報を基にして社会的事象の特色や意味などについて比較したり関連付けたり多面的・多角的に考察したりして表現する力の育成、③近現代に関する学習の定着状況が低い傾向にあること、④課題を追究したり解決したりする活動を取り入れた授業が十分に行われていないことなどの諸点が課題として挙げられました。これらの課題を踏まえ、①社会との関わりを意識して課題を追究したり解決したりする活動を充実し、知識や思考力等を基盤として社会の在り方や人間としての生き方について選択・判断する力、②自国の動向とグローバルな動向を横断的・相互的に捉えて現代的な諸課題を歴史的に考察する力、③持続可能な社会づくりの観点から地球規模の諸課題や地域課題を解決しようとする態度など、国家及び社会の形成者として必要な資質・能力を育んでいくことが求められています。

　突きつけられた課題はいずれも大きく、容易に達成しがたいものばかり、という印象です。これらの課題を真摯に受け止めれば、これまでの自分の授業が根底から覆された気分になるかもしれません。しかし、そのような時こそ、本書で提案した方法で、自身が練り上げてきた授業を分解・解析し、改良を加えてみることを提案します。そのことが、生徒たちが社会科のおもしろさに気づくとともに、めまぐるしく変化し複雑で予想困難な時代を生き抜くための確かな資質・能力を育成する一助となるならば、執筆者一同にとって望外の喜びです。

秀明大学　清水克志

中学校新学習指導要領のカリキュラム・マネジメント シリーズ
スキルコードで深める中学校**社会科**の授業モデル

◎シリーズ監修者

富谷　利光　秀明大学学校教師学部教授
　　　　　　秀明大学学校教師学部附属秀明八千代中学校・高等学校校長

◎推薦のことば

清原　洋一　秀明大学学校教師学部教授
　　　　　　前文部科学省初等中等教育局主任視学官

◆第1部執筆者

清水　克志　秀明大学学校教師学部准教授

◆第2部執筆者

尾上　純一　秀明高等学校教頭

浅井　　歩　秀明中学校・高等学校教諭

阿髙　剛行　秀明中学校・高等学校教諭

天野かおり　秀明中学校・高等学校教諭

福永　智史　秀明中学校・高等学校教諭

青木　美緒　秀明大学学校教師学部附属秀明八千代中学校・高等学校教諭

川合　　猛　秀明大学学校教師学部附属秀明八千代中学校・高等学校教諭

小島　朋輝　秀明大学学校教師学部附属秀明八千代中学校・高等学校教諭

後藤　健介　秀明大学学校教師学部附属秀明八千代中学校・高等学校教諭

後藤　武司　秀明大学学校教師学部附属秀明八千代中学校・高等学校教諭

坂本　洋紀　秀明大学学校教師学部附属秀明八千代中学校・高等学校教諭

田中　晋平　秀明大学学校教師学部附属秀明八千代中学校・高等学校教諭

戸村　早紀　秀明大学学校教師学部附属秀明八千代中学校・高等学校教諭

山内　吹十　秀明大学学校教師学部附属秀明八千代中学校・高等学校教諭

〈編著者紹介〉

清水克志（しみず・かつし）

　1978（昭和53）年、富山県氷見市生まれ。秀明大学学校教師学部准教授。
筑波大学博士課程人文社会科学研究科単位取得、博士（文学）。専門は歴史地理学・
人文地理学。

　農研機構 農村工学研究所（現、農村研究工学研究部門）特別研究員を経て現職。
他に、筑波大学、千葉大学、立正大学、文教大学、日本女子大学などで非常勤講師。
地理空間学会奨励賞（2010年）。

　歴史地理学会常任委員。日本地理学会、人文地理学会、地理空間学会各会員。
主な著書『生活文化の地理学』（共編著、古今書院）、『岩手キャベツ物語』（単編著、
新岩手農業協同組合）など。

中学校新学習指導要領のカリキュラム・マネジメント
スキルコードで深める中学校社会科の授業モデル

2019年12月25日　初版第 1 刷発行

編著者──清水克志

発行者──安部英行

発行所──学事出版株式会社

　　　　　〒101-0021　東京都千代田区外神田 2 － 2 － 3

　　　　　電話 03-3255-5471　FAX 03-3255-0248

ホームページ　http://www.gakuji.co.jp

編集担当：丸山久夫

装丁：精文堂印刷制作室／内炭篤詞

印刷・製本：精文堂印刷株式会社

ISBN978-4-7619-2588-8　C3037　Printed in Japan